Andre Schmitt

Auf Stellensuche?

Andre Schmitt

Auf Stellensuche?

Ein Ratgeber für

Ausbildungs- und Angestelltenberufe im

öffentlichen und kaufmännischen Bereich

Die Deutsche Nationalbibliothek verzeichnet diese Publikation in der Deutschen Nationalbibliografie; detaillierte bibliografische Daten sind im Internet über http://dnb.dnb.de abrufbar.

1. Auflage 2020

ISBN: 978-3-7504-4209-2

Lektorat: Katja Back – www.back-fulda.de

Herstellung und Verlag: BoD – Books on Demand, Norderstedt

Bildnachweis: BoD – Books on Demand, Norderstedt

Inhaltsverzeichnis

Abkürzungsverzeichnis

AGG	Allgemeines Gleichbehandlungsgesetz
AÜG	Arbeitnehmerüberlassungsgesetz
BBiG	Berufsbildungsgesetz
BEEG	Bundeselterngeld- und Elternzeitgesetz
BetrVG	Betriebsverfassungsgesetz
BGB	Bürgerliches Gesetzbuch
ff.	fortfolgende
JArbSchG	Jugendarbeitsschutzgesetz
KSchG	Kündigungsschutzgesetz
MuSchG	Mutterschutzgesetz
NachwG	Nachweisgesetz
p. a.	pro anno (pro Jahr)
PflegeZG	Pflegezeitgesetz
SGB	Sozialgesetzbuch
TVAöD	Tarifvertrag für Auszubildende des öffentlichen Dienstes
TzBfG	Teilzeit- und Befristungsgesetz

Dieses Buch ist all denen gewidmet,

die sich auf der Suche nach

einer Ausbildungs- oder Arbeitsstelle

nicht entmutigen lassen, sondern

sich unverdrossen und stets

aufs Neue auf den Weg machen.

Vorwort

Liebe Leserin, lieber Leser,

der Titel des Buches hat Sie angesprochen und Sie haben es schließlich erworben. Das Leben ist eine Suche. Jeder von Ihnen ist sicherlich schon vor Herausforderungen gestellt worden, die er sowohl im privaten als auch im beruflichen Bereich zu bewältigen hatte. Die einen suchen nach einer Wohnung in Stadtnähe, einem bestimmten Porzellan auf dem Flohmarkt und die anderen suchen den Partner fürs Leben oder eine Arbeitsstelle und müssen feststellen, dass das, was sie suchen, nicht immer ihren Vorstellungen entspricht. Letzteres kann den Suchenden schnell zur Verzweiflung bringen, besonders dann, wenn man nicht weiß, wie man dabei vorgehen soll.

Eine Absage auf eine Bewerbung zu erhalten, ist schmerzlich, insbesondere dann, wenn man nicht genau weiß, warum. Lag es vielleicht an der schriftlichen Bewerbung? War das Vorstellungsgespräch nicht so gut gelaufen? Hatten Sie das Gefühl, auf die Fragen Ihres Gegenübers nervös, unsicher reagiert oder nicht die richtige Antwort gegeben zu haben?

Ich stelle Ihnen in meinem Buch verschiedene Möglichkeiten vor, wie Sie einen Arbeitsplatz finden können. Sie erfahren, wie ein Bewerbungsanschreiben mit Lebenslauf richtig aufgebaut wird und worauf Sie im Vorstellungsgespräch achten sollten. Machen Sie sich nun mit mir auf die spannende und erfolgreiche Suche nach einer Stelle.

Ich wünsche Ihnen viel Erfolg!

Ihr Andre Schmitt
im April 2020

Die Stelle

Stellenbildung

Als Stelle bezeichnet man die kleinste organisatorische Einheit eines Unternehmens. Sie ist Aufgabenbereich einer Person und existiert unabhängig von der Besetzung mit einer Person. Dies bedeutet, dass eine Stelle zwar von einer Person besetzt werden kann, aber nicht besetzt sein muss – es gibt also freie Stellen. Eine Stelle kann mit einer Vollzeitkraft oder mit mehreren Teilzeitkräften besetzt werden. Insgesamt stellt eine Stelle aber immer den Aufgabenbereich dar, der von einer Person innerhalb der üblichen (vollen) Arbeitszeit und mit einem durchschnittlichen Arbeitstempo erledigt werden kann.

Bei der Bildung von Stellen müssen alle innerhalb eines Unternehmens anfallenden Aufgaben möglichst genau analysiert werden. Dazu wird die Gesamtaufgabe des Unternehmens, die darin besteht, Umsatz zu erbringen, in Teilaufgaben zerlegt. Diese Teilaufgaben werden auch als Elementaraufgaben bezeichnet. In einem zweiten Schritt werden die Teilaufgaben zu Aufgabenkomplexen zusammengefasst. Bei der Zusammenfassung von Teilaufgaben ist der Aufgabenkomplex so zu bemessen, dass die Summe der Teilaufgaben in der gewöhnlichen Arbeitszeit von einer Person bewältigt werden kann. Der zusammengefasste Aufgabenkomplex wird dann als Stelle bezeichnet.

Befristete oder unbefristete Stelle

Wenn Sie eine neue Stelle suchen, sollten Sie eine unbefristete Stelle favorisieren, denn bei befristeten droht nach Ablauf der Befristung im Falle einer fehlenden Anschlussverwendung Arbeitslosigkeit. Ein sich anschließender Arbeitsplatzwechsel kann sich als problematisch erweisen. Sollten Sie sich dennoch in einem befristeten Beschäftigungsverhältnis befinden, sei es, weil es nicht anders ging oder weil Ihnen eine Anschlussbeschäftigung in Aussicht gestellt wurde, sollten Sie unbedingt etwa sechs Wochen vor Ablauf Ihres bestehenden Arbeitsvertrages Ihren Arbeitgeber auf eine Weiterbeschäftigung ansprechen. Teilt Ihnen Ihr Arbeitgeber mit, dass er Sie nicht weiterbeschäftigen kann oder möchte, können Sie, sofern Ihnen noch Urlaub zur Verfügung steht, diesen nehmen und sich darauf konzentrieren, eine neue Arbeitsstelle zu finden.

Befristetes Arbeitsverhältnis

Wird die Dauer des Arbeitsverhältnisses bei Vertragsabschluss vereinbart, spricht man von einem befristeten Arbeitsvertrag. Dieser Vertrag endet durch Zeitablauf. Eine Kündigung ist nicht notwendig. Als Rechtsgrundlage für ein befristetes Arbeitsverhältnis kommt das Teilzeit- und Befristungsgesetz, kurz TzBfG genannt, in Betracht. Es regelt das Recht der Teilzeitarbeitsverhältnisse und der befristeten Beschäftigung.

Die Befristung ist in § 3 TzBfG geregelt.

Man unterscheidet hierbei die

| Befristung mit Sachgrund (§ 14 (1) TzBfG) | kalendermäßige Befristung (§ 14 (2) TzBfG) |

Befristung mit Sachgrund
(§ 14 (1) TzBfG)

Daraus ergeben sich folgende Gründe für die Befristung:

- § 14 (1) S. 2 Nr. 1 TzBfG vorübergehender Bedarf z. B. Saisonarbeit
- § 14 (1) S. 2 Nr. 2 TzBfG Anschluss an Studium und Ausbildung
- § 14 (1) S. 2 Nr. 3 TzBfG Vertretung z. B. Mutterschutz, Elternzeit
- § 14 (1) S. 2 Nr. 4 TzBfG Eigenart der Arbeitsleistung z. B. Schauspieler
- § 14 (1) S. 2 Nr. 5 TzbfG Erprobung
- § 14 (1) S. 2 Nr. 6 TzBfG rechtfertigende Gründe z. B. Übergangsarbeitsverhältnisse
- § 14 (1) S. 2 Nr. 7 TzBfG Vergütung durch Haushaltsmittel z. B. Streetworker
- § 14 (1) S. 2 Nr. 8 TzBfG gerichtlicher Vergleich

kalendermäßige Befristung
(§ 14 (2) TzBfG)

- maximal zwei Jahre
- innerhalb von zwei Jahren maximal dreimalige Verlängerung möglich
- gilt für Neueinstellungen (Arbeitnehmer darf ca. drei Jahre nicht beim gleichen Arbeitgeber beschäftigt gewesen sein.)
- abweichende Regelungen im Tarifvertrag möglich

§ 14 (2a) TzBfG
Neugegründete Unternehmen können in den ersten vier Jahren Arbeitsverträge befristen, mehrfache Verlängerung innerhalb dieser Zeit ist möglich.

§ 14 (3) TzBfG
Arbeitsverhältnisse von Arbeitnehmern, die das 52. Lebensjahr vollendet haben, können bis zu fünf Jahren befristet werden, wenn mindestens vier Monate zuvor Beschäftigungslosigkeit bestanden hat. Bis zur Gesamtdauer von fünf Jahren ist eine mehrfache Verlängerung möglich.

Die Anzeigen

Stellenanzeige

Stellenanzeigen dienen einem Unternehmen unter anderem als Marketinginstrument (Kommunikation nach außen). Die grafische Gestaltung einer Stellenanzeige mit Verwendung des Firmenlogos und Inhalt der Anzeige sind sowohl für die Personalbeschaffung als auch für die Außenwirkung äußerst wichtig. Eine Stellenanzeige ist oft wie folgt aufgebaut:

- Unternehmensbezeichnung (Firma) und Logo und eventuell Fotos (Impressionen)
- Kurzvorstellung des Unternehmens
- Bezeichnung der Stelle (geschlechtsneutral)
- Aufgabenbereiche
- Vollzeit oder Teilzeit
- Befristet oder unbefristet
- Voraussetzungen
- Was geboten wird
- Verfügbarkeit (vakant)
- Bewerbungsmodalitäten (schriftlich/online oder Ansprechpartner, Adresse, Telefonnummer)
- Einsatzort, wenn abweichend.

Bevor Sie mit dem Anschreiben beginnen, müssen Sie die Stellenanzeige aufmerksam lesen und prüfen, ob das darin aufgeführte Anforderungsprofil mit Ihrem Eignungsprofil in etwa übereinstimmt, ansonsten wird Ihr Anschreiben sofort aussortiert. Sie sind umso geeigneter, je mehr Sie den Anforderungen der Stelle entsprechen. Ihre Bewerbung ist in der Regel immer dann erfolgreich, wenn Sie mindestens zwei Drittel der in der Stellenanzeige aufgeführten Anforderungen erfüllen. Nehmen wir an, in einer Stellenanzeige sind folgende sechs inhaltliche Kriterien an den Bewerber gestellt:

Zur Unterstützung unseres Teams suchen wir ab sofort einen engagierten

Buchhalter m/w/d

Wir erwarten: eine abgeschlossene kaufmännische Ausbildung,
mindestens zwei Jahre Berufserfahrung in der Buchhaltung,
sehr gute MS-Office Kenntnisse, gute Kommunikationsfähigkeit,
sicherer Umgang mit SAP und Teamfähigkeit, Flexibilität, Belastbarkeit.

Sie lesen gerade diese Stellenanzeige. Was glauben Sie, wie viele inhaltliche Punkte Sie erfüllen müssen, um für die ausgeschriebene Stelle geeignet zu sein?

Die Bewerberin oder der Bewerber muss mindestens vier Anforderungen gerecht werden, um für diese Stelle infrage zu kommen. Die jeweiligen Anforderungen werden von einem bestimmten Personenkreis – meist der Personalleiterin oder dem Personalleiter – selbst vorgenommen und entsprechend ihrer Gewichtung absteigend festgelegt. Auf obiges Beispiel bezogen bedeutet das konkret, dass auf die erste Anforderung (eine abgeschlossene kaufmännische Ausbildung) die größte Gewichtung in der Stellenanzeige gelegt wird, gefolgt von der zweiten (mindestens zwei Jahre Berufserfahrung in der Buchhaltung). Angenommen, Sie haben eine abgeschlossene kaufmännische Ausbildung, erfüllen aber nicht die mindestens zwei Jahre Berufserfahrung in der Buchhaltung, dann hat hier eine Bewerbung eher geringe Erfolgschancen. Aus der Vielzahl der eingehenden Bewerbungen suchen sich die Unternehmen in der Regel immer die Bewerberin oder den Bewerber heraus, die/der die mindestens zwei Jahre Berufserfahrung in der Buchhaltung vorweisen kann.

Es gibt einige Kriterien, die Sie auf jeden Fall erfüllen müssen. Dazu gehören Formulierungen wie:

- Wir setzen voraus ...
- Erfahrungen/Kenntnisse im Bereich .... sind unabdingbar.
- Sie verfügen über ...
- Sie bringen mit ...
- Voraussetzung sind … (z. B. mehrjährige Berufserfahrung).

Hingegen gibt es Qualifikationen, die nicht unbedingt erfüllt sein müssen, es aber vorteilhaft wäre, wenn Sie diese mit Praxisbeispielen belegen können. Dazu gehören Aussagen wie:

- ... wäre ein zusätzlicher Vorteil ...
- Eine (z. B. mehrjährige Berufserfahrung) ist nicht unbedingt erforderlich, aber wünschenswert ...
- ... wären vorteilhaft ...
- Weitere Erfahrungen/Kenntnisse im Bereich ... sind von Vorteil.
- Erfahrungen/Kenntnisse im Bereich ... sind wünschenswert, aber nicht Voraussetzung/Bedingung.
- Idealerweise verfügen Sie über ...
- ... vorzugsweise ...

Chiffre-Anzeige

Unter den Stellengesuchen in der Zeitung finden sich auch immer Chiffreanzeigen. Diese Art der Kontaktaufnahme mag in Zeiten von Handy und E-Mail erstaunen. Chiffreanzeigen funktionieren, indem die Zeitung eine Chiffrenummer an das Unternehmen vergibt. Das Unternehmen tritt weder namentlich noch in anderer Form in Erscheinung. Es bleibt absolut anonym. Die Leserinnen und Leser können nur über diese Chiffrenummer mit dem Unternehmen in Briefkontakt treten. Wer auf eine Chiffreanzeige antwortet, gibt seine Identität preis, ohne zu wissen wem. Mögliche Gründe für ein Stellenangebot unter Chiffre können sein, dass das Unternehmen die ausgeschriebene Stelle vor den eigenen Mitarbeiterinnen und Mitarbeitern geheim halten möchte oder dem Unternehmen ein schlechter Ruf vorauseilt.

Beispiel: In der Samstagsausgabe der regionalen Tageszeitung lesen Sie folgenden Anzeigentext:

Großhandel bietet kaufmännische Tätigkeiten im organisatorischen Bereich. Chiffre Z 254354475

Bewerben Sie sich *nicht* auf eine Chiffre-Anzeige. Sie wissen nicht, in welche Hände Sie Ihre Bewerbungsunterlagen, die ja voll von sensiblen persönlichen Daten ist, geben. Bei dieser Art der Kontaktaufnahme können Sie Ihre Bewerbungsunterlagen auch nicht zurückfordern, Sie wissen ja nicht von wem. Möglicherweise bewerben Sie sich bei Ihrem eigenen Unternehmen, bei dem Sie gerade beschäftigt sind. Das wäre zwar ein großer Zufall, aber dennoch möglich.

Die Bewerbungsmappe für

Auszubildende und Angestellte

Welche Unterlagen gehören zur schriftlichen Bewerbung?

Die Bewerbungsmappe enthält Anschreiben, Lebenslauf, Foto, Kopien von Zeugnissen und Zertifikaten, eventuelle Arbeitsproben und Referenzen. Wichtig ist, dass Ihr zuletzt erworbenes Schulabgangszeugnis bei keiner Bewerbung fehlt. Ihre Originale bewahren Sie bei sich zu Hause auf und legen diese nur vor, wenn Sie von dem Unternehmen, bei dem Sie sich bewerben, angefordert werden. Die aktuellsten Unterlagen werden immer oben abgeheftet, die älteren folgen. Immer wieder gibt es darüber Unstimmigkeiten, ob ein Deckblatt für eine Bewerbungsmappe erforderlich ist. Welchen Sinn soll ein Deckblatt haben? Viele Bewerberinnen und Bewerber sind der Meinung, dass das Deckblatt durch eine besonders ansprechende Gestaltung das Interesse der Empfängerin oder des Empfängers weckt und das Bewerbungsfoto auf diese Weise besser zum Ausdruck kommt. Das ist jedoch nicht der Fall. Also lassen Sie das Deckblatt weg!

Anschriftenfeld

Das Anschriftenfeld gliedert sich in eine Zusatz- und Vermerkzone und eine Anschriftzone. Nach DIN 5008 ergibt sich folgende Aufteilung des Anschriftenfeldes.

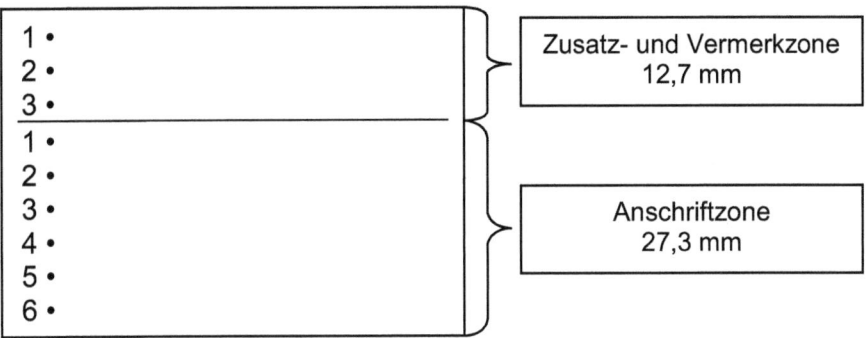

Die Schriftgröße kann erweitert werden, wenn ein elektronisches Frankierverfahren mehr als drei Zeilen Platz in der Zusatz- und Vermerkzone benötigt. Die Schriftgröße von 8 pt darf nicht überschritten werden. Ohne Zusätze und Vermerke beginnt die Anrede in der 1. Zeile der Anschriftzone. Berufs- oder Amtsbezeichnungen (Amtmann, Direktor oder Rechtsanwalt) stehen hinter der Anrede. Akademische Grade (Dr. oder Dipl.-Ing.) stehen vor dem Namen. Die Straßenbezeichnung steht im Allgemeinen in der 3. Zeile der Anschriftzone, während für die Postleitzahl und den Wohnort die 4. Zeile vorgesehen ist. Im Folgenden möchte ich Ihnen verschiedene Beispiele für die Gestaltung von Empfängeranschriften vorstellen.

1 •	1 •
2 •	2 •
3 •	3 •
Musterhausen GmbH	Textilgroßhandel
Frau Geschäftsführerin	Maja Mustermann e. K.
Maja Mustermann	Musterstraße 879
Musterstraße 123	34567 Musterberg
12345 Musterberg	5 •
6 •	6 •

1 •	1 •
2 •	Einschreiben
Einschreiben	Persönlich/Vertraulich
Herrn Rechtsanwalt	Herrn
Prof. Dr. Max Mustermann	Max Mustermann
Musterstraße 123	Werbeabteilung
12345 Musterhausen	Postfach 1 23 45
5 •	12345 Musterhausen
6 •	6 •

1 •	1 •
2 •	2 •
Eigenhändig	Nicht nachsenden
Frau Direktorin	Frau
Maja Mustermann	Maja Mustermann e. K.
Musterstraße 456	Musterstraße 123
67890 Musterland	12345 Musterberg
5 •	5 •
6 •	6 •

Anschreiben

Bevor Sie überhaupt eine Einladung zu einem Vorstellungsgespräch bekommen, müssen Sie die erste Hürde überwinden – das Bewerbungsanschreiben. Mit dem Anschreiben vermitteln Sie den ersten entscheidenden Eindruck von Ihrer Person und Ihren Kompetenzen. Das Gegenüber muss sich angesprochen fühlen, denn für das erste Lesen investieren Personaler nicht mehr als fünf Minuten. Standardisierte Bewerbungen, bei denen nur die Empfängerin oder der Empfänger ausgetauscht wird, sollten Sie unbedingt vermeiden. Jeder Leser erkennt sofort, dass es sich um vorgefertigte, mit Floskeln ausgestattete Massenanschreiben handelt. Somit wird mangelnde Sorgfalt und fehlendes Interesse unterstellt. Die Bewerbung wird aussortiert. In dem Anschreiben soll die Empfängerin oder der Empfänger unter anderem erfahren, ob Sie Ihr Interesse und Ihre Eignung klar und glaubhaft darstellen können, die in der Stellenanzeige aufgeführten Anforderungen gelesen und verstanden haben, Sie mit dem Inhalt und dem Aufbau eines Anschreibens vertraut sind und den sicheren Umgang mit einem Textverarbeitungsprogramm beherrschen. Ihr Anschreiben sollte nach DIN 5008 aufgebaut sein. Diese legt die Schreib- und Gestaltungsregeln für die Textverarbeitung fest und gehört zu den grundlegenden Normen für Arbeiten im Verwaltungs- und Bürobereich.

Ihr Anschreiben sollte nicht länger als eine DIN-A4-Seite sein und gliedert sich in drei Teile: die Einleitung, den Hauptteil und den Schluss. In der Einleitung stellen Sie einen kurzen Bezug zu der ausgeschriebenen Stelle her. Im nächsten Schritt formulieren Sie einen Satz, mit dem zum Hauptteil übergeleitet wird. Hier machen Sie deutlich, dass Sie dem Anforderungsprofil der ausgeschriebenen Stellenanzeige gewachsen sind, indem Sie gegebenenfalls vergleichbare Aufgaben, die Sie womöglich in der Vergangenheit in einem Ausbildungs-, einem Praktikanten- oder Angestelltenverhältnis ausgeführt haben, kurz und knapp vorstellen. Anforderungen, die Sie nicht erfüllen, kehren Sie nicht einfach unter den Tisch, sondern bringen deutlich zum Ausdruck, dass Sie bereit sind, sich die entsprechenden Fähigkeiten bzw. Kenntnisse durch Ihre schnelle Auffassungsgabe zügig anzueignen. Wie das im Einzelnen aussehen kann, stelle ich Ihnen auf den nächsten Seiten vor. Im Schluss bringen Sie zum Ausdruck, dass Sie sich über eine Einladung zu einem Vorstellungsgespräch sehr freuen. Teilen Sie der Bewerbungsempfängerin oder dem Bewerbungsempfänger mit, wann Sie Ihre Arbeitskraft frühestens zur Verfügung stellen können und welche Gehaltsvorstellung Sie haben, falls dies gefordert ist. Beenden Sie immer das Anschreiben mit der Grußformel „Mit freundlichen Grüßen". Unterschreiben Sie Ihr Anschreiben mit Ihrem vollständigen Namen. Zur Unterschrift nehmen Sie einen blauen Füller oder Kugelschreiber. Sollten Sie Ihre Bewerbungsunterlagen postalisch versenden, heften Sie Ihr Anschreiben nicht in der Bewerbungsmappe ab, sondern legen es bei, da Ihr Anschreiben als Erstes gelesen wird.

Als Absender auf Ihr Anschreiben gehört Ihr vollständiger Name, Ihre Anschrift, Ihre Telefon- oder Handynummer sowie Ihre E-Mail-Adresse. Ihr E-Mail-Postfach rufen Sie bitte regelmäßig ab, damit Sie über den weiteren Ablauf des Bewerbungsprozesses im Bilde sind und gegebenenfalls bei Nachfragen zügig reagieren können. Am besten ist es, wenn Sie sich für die Stellensuche eine separate E-Mail-Adresse einrichten. Diese sollte nur Ihren vollständigen Vor- und Nachnamen enthalten und nicht irgendwelche Abkürzungen.

Den Betreff beginnen Sie mit dem Wort „Bewerbung". Kennziffern, Referenznummern oder Referenzcodes, soweit aufgeführt, gehören in den Betreff des Anschreibens. Vergessen Sie nicht, Ihr Anschreiben mit dem Ort der Erstellung sowie dem aktuellen Datum zu versehen.

Ist in der Stellenanzeige kein Ansprechpartner erwähnt, beginnt Ihr Anschreiben mit der Anrede „Sehr geehrte Damen und Herren".

Bei dem Layout verwenden Sie eine serifenlose Schrift. Besonders empfehlenswert ist Arial. Als Schriftgröße nehmen Sie 10 bis 12 pt. Der Zeilenabstand kann auf einfach eingestellt sein. So ist Ihr Anschreiben gut lesbar. Den oberen Seitenrand können Sie auf 9 cm einstellen, den unteren auf 2 cm. Zum linken Seitenrand wählen Sie einen Abstand von 2,5 cm und zum rechten 2 cm. Sie können je nach Belieben auch eine andere Einstellung vornehmen.

Verschicken Sie Ihre Bewerbung postalisch, nehmen Sie für Ihr Anschreiben ein Papier in 100 g/m². Für Ihren Lebenslauf, Ihre Zeugnisse, Zertifikate oder eventuelle Arbeitsproben und Referenzen reicht ein Papier in 80 g/m².

Bevor Sie Ihre Bewerbung versenden, lassen Sie diese von einer anderen Person gegenlesen, um peinliche Flüchtigkeitsfehler (Rechtschreib- oder Grammatikfehler) zu vermeiden.

Auf den nachfolgenden Seiten finden Sie eine Zusammenstellung über falsche und richtige Formulierungen in einem Anschreiben.

Aufbau	Falsche Formulierungen	Richtige Formulierungen
1. Einleitung Stellen Sie einen Bezug zur Stellenausschreibung her.	In Ihrer Anzeige vom … suchen Sie einen Mitarbeiter als … Vielen Dank für das freundliche Telefonat vom … Sie beschreiben eine berufliche Aufgabe, die mich besonders interessiert. Mit großem Interesse habe ich Ihre Stellenausschreibung gelesen. Anbei eine kurze Beschreibung zu meiner Person. Die in Ihrer Anzeige beschriebenen Aufgabenbereiche haben mein Interesse geweckt. Ich bewerbe mich auf Ihr Stellenangebot als …	Sie suchen eine(n) (Titel des Stellenangebots) (zur Verstärkung/Erweiterung/ Ergänzung Ihres Teams) mit (Erfahrung im EDV-Bereich) und (abgeschlossener Ausbildung). Je nachdem, ob die in Klammern gesetzten Formulierungen in der Stellenausschreibung aufgeführt sind, sollten Sie Ihren Einleitungssatz danach ausrichten. Die letzte eingeklammerte Formulierung („abgeschlossene Ausbildung") können Sie nur einsetzen, wenn Sie in diesem Beruf auch eine abgeschlossene Ausbildung vorweisen können.

Aufbau	Falsche Formulierungen	Richtige Formulierungen
2. Hauptteil a) Bauen Sie eine sinnvolle Überleitung zum vorherigen Einleitungssatz auf. b) Je nach Schulausbildung/Ausbildung/ Praktika/ Weiterbildung/Studium etc. führen Sie die Tätigkeiten auf, die Bestandteil dort waren und die für die ausgeschriebene Stelle von Bedeutung sein können. c) Achten Sie darauf, dass der Hauptteil so aufgebaut ist, dass das Anschreiben in sinnvolle Abschnitte/Absätze gegliedert ist. Das erreichen Sie dadurch, indem Sie nach jeder Station (Schulausbildung, Praktika, Ausbildung, Weiterbildung, Studium etc.), die Sie derzeit absolvieren oder bereits absolviert haben, einen neuen Abschnitt/Absatz mithilfe einer Leerzeile einfügen.	• In meiner Tätigkeit als … bearbeite ich derzeit … • Zu meinen derzeitigen Aufgaben zählen … • Ich habe bereits die folgenden Aufgaben und Tätigkeiten ausgeübt … • Mein Qualitätsprofil umfasst … • Durch meine Tätigkeit als … konnte ich Erfahrungen und Kenntnisse in den Bereichen … sammeln. • Die Beschäftigung als … ermöglichte es mir, auch umfassende Einblicke in den Bereichen … zu erlangen. • In meiner Tätigkeit als … konnte ich mich auf die Bereiche … spezialisieren. • Neben meinem Beruf habe ich eine Weiterbildung zum … gemacht.	• Während meiner/meines Schulausbildung/ Praktikums/Ausbildung/ Weiterbildung/Studiums konnte ich mir … • Im Rahmen meiner derzeitigen befristeten Anstellung als …bin/wurde ich im/in der …eingesetzt. (An dieser Stelle führen Sie Ihre Tätigkeiten in möglichst einem Satz auf, die Sie in diesem Bereich gemacht haben.) • Im Rahmen meiner derzeitigen Festanstellung als … bin/wurde ich im/in der … eingesetzt. (An dieser Stelle führen Sie Ihre Tätigkeiten in möglichst einem Satz auf, die Sie in diesem Bereich gemacht haben.) ⇒ Das Wort „Festanstellung" deutet auf ein unbefristetes Arbeitsverhältnis hin.

Aufbau	Falsche Formulierungen	Richtige Formulierungen
		• Während meiner Ausbildungszeit … ⇒ Formulierung kann nur eingesetzt werden, wenn im Anschreiben von einer einzigen Ausbildung die Rede ist. Nachdem ich erkannt hatte, dass ich meine Fähigkeiten (z. B. in der freien Marktwirtschaft) weiterentwickeln möchte, habe ich ein(e) Ausbildung/ Weiterbildung/Studium als/zum… aufgenommen und im (Monat/ Jahr) erfolgreich abgeschlossen.

Aufbau	Falsche Formulierungen	Richtige Formulierungen
		Zuvor konnte ich im (Monat/Jahr) ein(e) Schulausbildung/Praktikum/Ausbildung/Weiterbildung/Studium … erfolgreich abschließen. Meine EDV-Kenntnisse fanden in dieser Zeit ihre Anwendung (und Vertiefung). Hier konnte ich mir auch … aneignen. Im (Monat/Jahr) konnte ich ein(e) Schulausbildung/Praktikum/Ausbildung/Weiterbildung/Studium … erfolgreich abschließen. Meine EDV-Kenntnisse fanden in dieser Zeit ihre Anwendung (und Vertiefung). Hier konnte ich mir auch … aneignen. Die Formulierung „Hier konnte ich mir auch … aneignen" können Sie nur einsetzen, wenn Sie sich innerhalb einer(s) Schulausbildung/Praktikums/Ausbildung/Weiterbildung/Studiums etc. weitere Fähigkeiten bzw. Kenntnisse erworben haben, die für die ausgeschriebene Stelle von Bedeutung sein können.

Aufbau	Falsche Formulierungen	Richtige Formulierungen
Werden in der Stellen-ausschreibung zum Beispiel IT-Kenntnisse mit einem Computerpro-gramm wie DATEV, SAP oder Lexware gewünscht und Sie können diese Kenntnisse nicht erfüllen, machen Sie bitte nicht den Fehler und kehren Ihr Defizit unter den Teppich, sondern gehen gezielt im Anschreiben darauf ein. Hier ein Beispiel aus einer Stellenausschrei-bung: Erfahrungen/Kenntnisse mit SAP wären wün-schenswert, jedoch kei-ne Voraussetzung.		Die von Ihnen in Ihrer Stellenausschreibung ge-wünschte Erfah-rung/aufgeführten Kenntnisse mit SAP war(en) leider nicht Bestandteil meiner bisherigen Ausbildung. Gerne bin ich bereit, mir die entsprechenden Kenntnisse zügig anzueignen.

Aufbau	Falsche Formulierungen	Richtige Formulierungen
3. Schluss Am Ende teilen Sie der Bewerbungsempfängerin/ dem Bewerbungsempfänger in wenigen Sätzen mit, wo Sie derzeit beschäftigt sind und wann Sie verfügbar sein können.	Zurzeit besuche ich die 9. Klasse der Hauptschule/ 10. Klasse der Realschule/ 12. Klasse der Fachoberschule/ 13. Klasse des Gymnasiums an der ..., die ich im (Monat/Jahr) abschließen werde. Sollten Ihnen meine Bewerbungsunterlagen zusagen, freue ich mich über ein persönliches Gespräch mit Ihnen.	Zurzeit befinde ich mich in der 9. Klasse der Hauptschule/ 10. Klasse der Realschule/ 12. Klasse der Fachoberschule/ 13. Klasse des Gymnasiums an der ... und werde diese im (Monat/Jahr) erfolgreich abschließen. Über eine Einladung zu einem Vorstellungsgespräch freue ich mich sehr/würde ich mich sehr freuen.

Aufbau	Falsche Formulierungen	Richtige Formulierungen
Falls Sie in der Stellen-ausschreibung nach einer Gehaltsvorstellung gefragt werden, geben Sie bitte immer einen genauen Bruttobetrag an, den Sie pro Jahr (p. a.) verdienen möchten. Können Sie das Gehalts-gefüge nicht einschätzen, können Sie folgenden Satz im Anschreiben verwenden: „Meine Gehaltsvorstel-lung sollte sich im Rah-men des branchenübli-chen Tarifvertrages be-wegen."	Aktuell arbeite ich in ei-nem ungekündigten Ar-beitsverhältnis. Dement-sprechend beträgt meine Kündigungsfrist (Zahl) (Monat(e)). Mein Gehalts-wunsch liegt zwischen … bis … Euro Bruttogehalt pro Jahr. Über eine Einla-dung zu einem persönli-chen Gespräch würde ich mich freuen.	Zurzeit befinde ich mich in einem unbefristeten Arbeits-verhältnis als … Meine Ge-haltsvorstellung liegt bei … Euro p. a. Der früheste Eintritts-termin wäre zum (Datum/Monat/Jahr) möglich. Über eine Einladung zu einem Vorstellungsgespräch freue ich mich sehr/würde ich mich sehr freuen.

Aufbau	Falsche Formulierungen	Richtige Formulierungen
Sie möchten ein Studium abbrechen und sollen dies im Anschreiben zum Ausdruck bringen.	Zurzeit absolviere ich ein Studium an der (Fachhochschule/Hochschule/ Universität Ort/Stadt), das ich nicht mehr zu Ende machen möchte.	Zurzeit befinde ich mich im (ersten/zweiten …) Semester im Bereich … an der (Fachhochschule/Hochschule/ Universität Ort/Stadt). Da ich meine Stärken jedoch eher in der praktischen Tätigkeit für ein Unternehmen als in der theorieorientierten Arbeitsweise an einer (Fachhochschule/Hochschule/ Universität) sehe, möchte ich diese Bewerbung nutzen, um meine Stärken in Ihr Unternehmen einzubringen. Meine Gehaltsvorstellung liegt bei …Euro p. a. Meine Arbeitskraft könnte ich Ihnen ab sofort zur Verfügung stellen. Über eine Einladung zu einem Vorstellungsgespräch würde ich mich sehr freuen.

Aufbau	Falsche Formulierungen	Richtige Formulierungen
Wenn Sie ein Studium abgebrochen, danach ein befristetes Arbeitsverhältnis aufgenommen haben und sich aus der Befristung heraus auf ein weiteres Arbeitsverhältnis bewerben möchten.		Während meines Studiums im Bereich … an der (Fachhochschule/Hochschule/Universität Ort/ Stadt) habe ich erkannt, dass meine Stärken eher in der praktischen Tätigkeit für ein Unternehmen als in der theorieorientierten Arbeitsweise an einer Hochschule liegen. Daher habe ich mich für den Wechsel in ein betriebliches Anstellungsverhältnis als … entschieden. Aufgrund der Befristung dieses Arbeitsverhältnisses könnte ich Ihnen frühestens ab (Datum/Monat/Jahr) zur Verfügung stehen. Über eine Einladung zu einem Vorstellungsgespräch würde ich mich sehr freuen.

Lebenslauf

Ein nicht zu unterschätzender Punkt im Bewerbungsprozess ist der Lebenslauf. Dieser gibt der Empfängerin oder dem Empfänger einen Überblick über Ihre Kenntnisse, Fähigkeiten, Ausbildungsabschnitte sowie Kompetenzen. Der Lebenslauf sollte tabellarisch aufgebaut sein. Er wird wie das Anschreiben in einem Textverarbeitungsprogramm erstellt. Manchmal ist eine handschriftliche Erstellung in Form eines Fließtextes gewünscht, jedoch eher selten. Der Lebenslauf sollte zwei Seiten in einem Word-Dokument nicht überschreiten und keine ungeklärten Zeitlücken aufweisen. Zeitlücken bis zu maximal drei Monaten sind noch akzeptabel. Alles, was darüber hinausgeht, wird sehr wahrscheinlich im Vorstellungsgespräch Thema werden. Des Weiteren ist es äußerst wichtig, dass Sie sowohl Monats- als auch Jahresangaben in Ihrem Lebenslauf angeben. Der Lebenslauf ist so aufgebaut, dass die aktuelle Beschäftigung, die Sie im Moment ausüben, immer an oberster Position steht.

Zu den Bestandteilen des Lebenslaufs gehören unter anderem Vorname, Nachname, Geburtsdatum/-ort, Familienstand und Staatsangehörigkeit, Schulausbildung, Berufsausbildung, Weiterbildungen, Wehr- oder Zivildienst, Hobbys und Ehrenämter.

Ihr Lebenslauf muss von Zeit zu Zeit je nach Anforderung der ausgeschriebenen Stelle angepasst werden. Nehmen wir an, Sie haben zum Beispiel eine Ausbildung als Industriekauffrau/-mann oder Bürokauffrau/-mann erfolgreich abgeschlossen und werden von Ihrer Ausbildungsstelle nicht übernommen. Sie entschließen sich dazu, bei einem anderen Unternehmen ein Praktikum im Bereich der Finanzbuchhaltung zu absolvieren. Während Ihres Praktikums wird eine Stelle als Buchhalter ausgeschrieben, auf die Sie sich gerne bewerben möchten. Also müssen Sie Ihre Schwerpunkte vom Praktikum in der Buchhaltung im Lebenslauf aufführen, sodass Ihre Schwerpunkte auf die ausgeschriebene Stelle des Buchhalters abgestimmt sind. Nur so kann sich die Bewerbungsempfängerin oder der Bewerbungsempfänger einen genauen Überblick über Ihre ausgeübten Tätigkeiten in der Buchhaltung verschaffen. Bewerben Sie sich aber während Ihres Praktikums um eine Stelle für den Einkauf bei einem anderen Unternehmen, macht es wenig Sinn, Ihre Tätigkeiten von der Finanzbuchhaltung aufzuführen, da dies zwei völlig unterschiedliche Fachgebiete sind. Näheres dazu verdeutliche ich auf den nächsten Seiten.

Bewerbungsfoto

Auch beim Bewerbungsfoto gibt es einiges zu berücksichtigen. Lassen Sie Ihr Foto von einem professionellen Fotografen erstellen und nicht von einem Fotoautomaten, wie Sie sie unter anderem in Bahnhöfen oder Kaufhäusern vorfinden. Wichtig ist vor allem, dass Sie den Fotografen darauf hinweisen, dass Sie Ihr Foto für Ihre Bewerbungen benötigen. Dann weiß dieser auch, worauf er zu achten hat. Am vereinbarten Fototermin erscheinen Sie so, wie Sie im Vorstellungsgespräch auch erscheinen, der Mann im Jackett, Hemd und Krawatte, die Dame in Bluse und einem Hosenanzug.

Standardisierte Bewerbungen

Standardisierte Bewerbungen sollten Sie unbedingt vermeiden, wenn Sie auch Erfolg mit Ihrer Bewerbung haben möchten. Jede ausgeschriebene Stellenanzeige, egal ob Sie sich um ein Ausbildungs- oder Angestelltenverhältnis bewerben, ist unterschiedlich aufgebaut. Verwenden Sie ein standardisiertes Bewerbungsschreiben, können Sie keinen Bezug zu einer ausgeschriebenen Stelle herstellen. Ihre vorhandenen Kompetenzen und Ihr Lebenslauf, der je nach Anforderung der Stelle entsprechend angepasst werden muss, kommen durch diese Art von Bewerbung nicht zum Ausdruck.

Gehaltsvorstellung

Die Lohnhöhe hängt ab von

- Ihrem Bildungsgrad,
- der Verantwortung,
- dem Alter; der Betriebszugehörigkeit,
- der erbrachten Leistung sowie
- der Qualifikation.

Zumindest ist dies in der Theorie die Auffassung, die dabei vertreten wird. Die Praxis sieht da leider etwas anders aus. An dieser Stelle möchte ich ein Beispiel aufgreifen, was Ihnen die Problematik verdeutlichen soll. Nehmen wir an, Sie bewerben sich mit einem abgeschlossenen Studium auf eine ausgeschriebene Stelle als Buchhalter oder Personalsachbearbeiter. Im Prinzip sind Sie mit Ihrem Studium für diese Positionen überqualifiziert. Aus Sicht der Bewerbungsempfängerin oder des Bewerbungsempfängers bestehen hier berechtigte Mutmaßungen, dass Sie zu hohe Gehaltsforderungen stellen oder schnell unterfordert sein könnten. Möglicherweise werden Sie in diesem Beruf mit Ihrem überqualifizierten Abschluss auf Dauer nicht arbeiten wollen. Andererseits kann es für manche Absolventinnen und Absolventen die erste Anstellung nach Abschluss einer Weiterbildung, Schulausbildung oder eines Studiums sein. Hier ist das Anfangsgehalt noch nicht so entscheidend. Wichtiger ist es, den Sprung in das Berufsleben zu schaffen, am besten auf einer Position mit Zukunftsperspektive. Deshalb kommt es immer auf den genauen Inhalt der angebotenen Stelle an. Haben Sie nach Abschluss einer Weiterbildung, Schulausbildung oder eines Studiums ein bis zwei Jahre in einem Bereich gearbeitet, können Sie Berufserfahrung nachweisen, sich nach dieser Zeit gegebenenfalls neu bewerben und dann auch ein neues Gehalt bei einer anderen Stelle aushandeln. Informieren Sie sich bitte, bevor Sie Ihr Anschreiben versenden, über das branchenübliche Gehaltsniveau. Bei einem geringeren Einstiegsgehalt ist in den meisten Fällen am Ende der erfolgreichen Einarbeitung das Unternehmen durchaus bereit, das Gehalt etwas anzuheben bzw. neu zu verhandeln. Sie haben auch vorher die Möglichkeit, Ihr Gehalt auf Internetseiten ausrechnen zu lassen.

Geben Sie immer ein konkretes Bruttojahresgehalt an und keine Spanne. Dies signalisiert Entschlossenheit. Das Unternehmen wird Sie mit Ihren Mitbewerbern vergleichen und sich für den Bewerber entscheiden, der bei gleicher Qualifikation weniger Gehalt fordert. Das Ziel eines Unternehmens ist es ja, Umsatz zu erzeugen. Nutzen und Kosten werden sehr genau abgewogen.

Hierzu ein kleines Beispiel:

Sie bewerben sich in Ihrem Heimatort und im Umkreis von 100 km. Wir gehen davon aus, dass Sie Berufseinsteiger sind und eine Stelle im kaufmännischen Bereich suchen. In einer Stellenanzeige lesen Sie, dass Sie ein Einstiegsgehalt angeben müssen. Sie haben sich vorher überlegt, dass Sie gerne für die ausgeschriebene Stelle 30.000 Euro pro Jahr verdienen möchten. So kann es durchaus sein, dass Sie in der 100 km entfernten Stadt, in der Sie sich bewerben, Ihre Gehaltsvorstellung von 30.000 Euro pro Jahr durchaus angeben können und auch bekommen, in Ihrem Heimatort jedoch nur maximal 25.000 Euro pro Jahr verdienen können. Das liegt daran, dass in einer Stadt mit geringerer Einwohnerzahl und niedrigeren Lebenshaltungskosten das Gehaltsniveau entsprechend niedriger ausfällt.

Initiativbewerbung

Viele der Suchenden stellen sich die Frage: „Soll ich mich initiativ bewerben?" Initiativbewerbungen machen wenig Sinn. Die Wahrscheinlichkeit, dass Sie eine Einladung zu einem Vorstellungsgespräch bekommen, ist eher gering. Auf was wollen Sie sich bei Ihrer Initiativbewerbung berufen, wenn keine Stelle mit einem Anforderungsprofil ausgeschrieben ist? Viele Bewerberinnen und Bewerber greifen zum Telefonhörer und fragen in Ihrem Wunschunternehmen die Personalleitung, ob sie eine Initiativbewerbung zuschicken dürfen. Am anderen Ende der Leitung antwortet man Ihnen häufig: „Ja, können Sie." Daraufhin entschließen sich viele Bewerberinnen und Bewerber, dem Unternehmen ihre Unterlagen zuzusenden, bekommen aber häufig nach zwei bis drei Wochen eine Absage, in der man Ihnen mitteilt, dass leider keine Stelle in absehbarer Zeit frei werde. Generell gilt, dass wenn ein Unternehmen keine Stelle ausschreibt, es auch keine anzubieten hat. Und selbst wenn in absehbarer Zeit eine Stelle frei würde, würde das Unternehmen die Stelle ausschreiben, um sich aus den vielen Bewerberinnen und Bewerbern die bestmögliche Kandidatin/den bestmöglichen Kandidaten auszusuchen. Investieren Sie Ihre Zeit lieber in die Bewerbung auf eine ausgeschriebene Stelle.

Stellensuche

Auf den nachfolgenden Seiten möchte ich Ihnen Bewerbungsbeispiele aufzeigen, wie man das Bewerbungsanschreiben und den Lebenslauf auf ausgeschriebene Stellenanzeigen formulieren kann. An dieser Stelle möchte ich darauf hinweisen, dass es sich bei den Beispielen um reale Stellenangebote handelt. Aus Gründen des

Datenschutzes wurden Name, Anschrift, Postleitzahl und Ort der Unternehmen verändert. Die unterschiedlichen Bewerbungsanschreiben sollen Ihnen eine Hilfestellung sein, wie man solche Anschreiben aufbauen kann. Alle hier abgebildeten Anschreiben und Lebensläufe haben tatsächlich zu einem Vorstellungsgespräch geführt.

Bevor Sie mit dem Anschreiben beginnen, lesen Sie sich bitte immer zuvor die Stellenanzeige des Unternehmens genau durch. Im Anschluss an das Anschreiben folgt der Lebenslauf.

Im folgenden Beispiel gehen wir davon aus, dass Andre eine Ausbildungsstelle zum Bürokaufmann sucht. Während seines Realschulabschlusses hat er ein Praktikum in einem Unternehmen absolviert. Andre recherchiert im Internet nach Ausbildungsstellen. Auf einer Internetseite liest er, dass ein Unternehmen eine Ausbildungsstelle als Bürokaufmann anbietet, auf die er sich gerne bewerben möchte.

Die Stellenanzeige sieht wie folgt aus:

Beschreibung:

- mindestens Hauptschulabschluss

- gute PC-Kenntnisse

- Teamfähigkeit, Flexibilität

Unternehmen:	Musterstadt GmbH
	Musterfeldallee 123
	12345 Musterstadt
Kontaktperson:	Frau Beate Schmitt

Bewerbung:

- Bewerbungsart: schriftlich

- Bewerbungstermin: ab sofort

- E-Mail: info@musterstadt-gmbh.de

Auf den nachfolgenden Seiten finden Sie das ausformulierte Anschreiben mit dem dazugehörigen Lebenslauf.

Andre Schmitt

Musterstraße 11
12345 Musterstadt
+49 175 123456
stellensuche-andre-schmitt@gmx.de

Musterhausen GmbH
Frau Beate Schmitt
Musterfeldallee 123
12345 Musterstadt

Musterstadt, 21. August 2005

Bewerbung um eine Ausbildungsstelle als Bürokaufmann

Sehr geehrte Frau Schmitt,

Sie suchen einen Bürokaufmann mit Erfahrung im EDV-Bereich.

Während meines Praktikums bei der Mustergarten AG wurde ich im Personalwesen eingesetzt. Die Berechnung von Urlaubstagen, das Kontrollieren von Stundennachweisen sowie das Schreiben von Rechnungen gehörten zu meinen Tätigkeiten in diesem Bereich.

Im Einkauf legte ich Bestellungen, Artikel-, Lieferanten- sowie Kundenstammdaten an und löste Bestellungen im Auftrag des Unternehmens aus. Meine bereits erworbenen EDV-Kenntnisse fanden in dieser Zeit ihre Anwendung.

Im Rahmen meiner derzeitigen Schulausbildung konnte ich mir durch eine Vielzahl von Referaten einen sicheren Präsentationsstil aneignen. Zum Teil wurden die Präsentationen mit PowerPoint erstellt, in Gruppen erarbeitet und moderiert. Für mich bot sich hier eine gute Gelegenheit, meine Fähigkeiten als Teamplayer zu trainieren und zu erweitern.

Zurzeit befinde ich mich in der 10. Klasse der Realschule bei der Musterschule in Musterstadt und werde diese im Juli 2006 erfolgreich abschließen. Über eine Einladung zu einem Vorstellungsgespräch freue ich mich sehr.

Mit freundlichen Grüßen

Andre Schmitt

Anlagen

Lebenslauf

Persönliche Daten

Name   Andre Schmitt

Adresse   Musterstraße 11
                              12345 Musterstadt

Kontaktdaten   +49 175 123456
                              stellensuche-andre-schmitt@gmx.de

Geboren am   1. Januar 1989 in Musterstadt
Familienstand   ledig

Schulausbildung

08/2000 – 07/2006   Musterschule, Musterstadt
                              Realschule, Abschluss: Mittlere Reife

09/1996 – 07/2000   Musterschule, Musterstadt
                              Grundschule

Praktika

05/2005 – 05/2005   Muster AG, Musterstadt
                              Praktikum im Bereich Personalwesen und
                              Einkauf

Schwerpunkt Personalwesen

- Berechnung von Urlaubstagen
- Kontrollieren von Stundennachweisen
- Schreiben von Rechnungen

Schwerpunkt Einkauf

- Anlegen von Bestellungen, Artikel-, Lieferanten sowie Kundenstammdaten
- Auslösung von Bestellungen

Weitere Qualifikationen

Sprachkenntnisse   Deutsch – Muttersprache, Englisch – gute Kenntnisse

IT-Kenntnisse   Microsoft Word, Excel, PowerPoint und Windows – sehr gute Kenntnisse

Interessen

Sport   Aktives Mitglied und Mannschaftsführer im Fußballverein Musterstadt

Musterstadt, 21. August 2005

Andre Schmitt

Bemerkung zum Lebenslauf:

Die Personalabteilung kann dem Lebenslauf gleich zu Beginn unter dem Punkt „Schulausbildung" entnehmen, dass Herr Schmitt derzeit die Realschule besucht. Der Lebenslauf ist übersichtlich und inhaltlich gut strukturiert und weist keine Lücken auf.

Die Argumentation für das Vorstellungsgespräch könnte wie folgt aussehen:

Ich kann meine Kenntnisse und Fähigkeiten bei Ihnen einbringen. Die Stellenanzeige entspricht meinen Berufszielen. Bereits während meines Praktikums bei der Mustergarten AG war ich im Personalwesen eingesetzt. Ich kontrollierte Stundennachweise und habe Urlaubstage berechnet sowie Rechnungen geschrieben. Im Einkauf konnte ich erste Kenntnisse mit einem Warenwirtschaftssystem erwerben. Ich habe Bestellungen, Artikel-, Lieferanten- sowie Kundenstammdaten angelegt. Des Weiteren habe ich Lagerzugänge und -abgänge verbucht und Bestellungen ausgelöst. Eine Ausbildung als Bürokaufmann kann ich mir sehr gut für mich vorstellen.

Andre recherchiert im Internet nach Ausbildungsstellen. Auf einer Internetseite liest er, dass ein Unternehmen eine Ausbildungsstelle als Industriekaufmann anbietet, auf die er sich gerne bewerben möchte. Die Stellenanzeige sieht wie folgt aus:

Ausbildungsberuf Industriekaufmann

Planen, Steuern, Kontrollieren, Organisieren: Übernehmen Sie Aufgaben in vielfältigen Unternehmensbereichen: Einkauf, Marketing oder Umweltschutzmanagement.

Ihre Berufsausbildung

Die Ausbildung ist auf drei Jahre angelegt, kann jedoch verkürzt werden.

Die Ausbildung wird bundesweit an verschiedenen Standorten angeboten. Sie erwerben am Anfang Ihrer Berufsausbildung soziale und methodische Kompetenzen.

Die Ausbildungsinhalte

Um später Aufgaben im Bereich der Leistungsrechnung und -erstellung, des Personalmanagements oder der Beschaffung und Bevorratung übernehmen zu können, werden Ihnen Kenntnisse und Fähigkeiten in folgenden Bereichen vermittelt:

- Projektmanagement & Organisation
- Qualitätsmanagement
- Controlling

- Facility Management
- Bürokommunikation
- Marketing
- Personalabteilung
- Buchhaltung
- Umweltschutzmanagement

Was Sie mitbringen sollten

- Guter Realschulabschluss oder Abitur
- Gute Englischkenntnisse
- Kreativität und Mobilität
- Kommunikationsfähigkeit
- Team- und Dienstleistungsorientierung
- Hohe Leistungsbereitschaft
- Logisches Denkvermögen

Ihre Unterlagen mit aussagekräftigem Anschreiben, tabellarischem Lebenslauf, Zeugnissen bzw. Notenspiegel, Praktikumsnachweisen oder sonstigen Nachweisen sollten ab September des Jahres vor Ihrem Ausbildungseinstieg bei uns eingehen. Wobei Sie nicht vergessen sollten, den Unternehmensbereich und Berufswunsch anzugeben und natürlich zu begründen.

Ihre Vorteile

- praxisnahe und zukunftsweisende Berufsausbildung
- gute Bezahlung sowie Urlaubs- und Weihnachtsgeld
- fünf Wochen Urlaub im Jahr
- gute Zukunftsperspektiven

Andre Schmitt

Musterstraße 11

12345 Musterstadt

+49 175 123456

stellensuche-andre-schmitt@gmx.de

Musterhausen GmbH

Musterfeldstraße 41

23453 Musterhausen

Musterstadt, 23. August 2007

Bewerbung um eine Ausbildungsstelle als Industriekaufmann

Sehr geehrte Damen und Herren,

Sie suchen einen Industriekaufmann.

Bereits während meines Praktikums bei der Mustermann KG wurde ich im Personalwesen eingesetzt. Das Erstellen von Gehaltsabrechnungen sowie die tarifgerechte Eingruppierung der Mitarbeiter gehörten zu meinen Tätigkeiten in diesem Bereich.

In der Buchhaltung nahm ich Buchungen im Auftrag des Unternehmens vor, bearbeitete Vorgänge im Mahn- und Vollstreckungswesen und führte Auszahlungen durch, bei denen offene Rechnungsbeträge überwiesen worden sind. Meine erworbenen EDV-Kenntnisse fanden in dieser Zeit ihre Anwendung.

Im Rahmen meiner derzeitigen Schulausbildung konnte ich mir durch eine Vielzahl von Referaten einen sicheren Präsentationsstil aneignen. Zum Teil wurden die Präsentationen mit PowerPoint erstellt, in Gruppen erarbeitet und moderiert. Für mich bot sich hier eine gute Gelegenheit, meine Fähigkeiten als Teamplayer zu trainieren und zu erweitern.

Zurzeit befinde ich mich in der 12. Klasse der Fachoberschule Wirtschaft und Verwaltung bei der Musterschule in Musterstadt und werde diese im Juli 2008 erfolgreich abschließen. Über eine Einladung zu einem Vorstellungsgespräch freue ich mich sehr.

Mit freundlichen Grüßen

Andre Schmitt

Anlagen

Lebenslauf

Persönliche Daten

Name   Andre Schmitt

Adresse   Musterstraße 11
                        12345 Musterstadt

Kontaktdaten   +49 175 123456
                        stellensuche-andre-schmitt@gmx.de

Geboren am   1. Januar 1989 in Musterstadt
Familienstand   ledig

Schulausbildung

08/2006 – 07/2008   Musterschule, Musterstadt
                        Fachoberschule – Fachrichtung Wirtschaft,
                        Schwerpunkt Wirtschaft und Verwaltung,
                        Abschluss: Fachhochschulreife

08/2000 – 07/2006   Musterschule, Musterstadt
                        Realschule, Abschluss: Mittlere Reife

09/1996 – 07/2000   Musterschule, Musterstadt
                        Grundschule

Praktika

08/2006 – 07/2007

Mustermann KG, Musterstadt
Praktikum in den Bereichen
Personalwesen, Buchhaltung

Schwerpunkt Personalwesen

- Erstellen von Gehaltsabrechnungen und Eingruppierung der Mitarbeiter

Schwerpunkt Buchhaltung

- Bearbeitung von Vorgängen im Mahn- und Vollstreckungswesen
- Durchführung von Zahlungen offener Rechnungsbeträge

05/2005 – 05/2005

Muster AG, Musterstadt
Praktikum im Bereich Personalwesen
und Einkauf

Weitere Qualifikationen

Sprachkenntnisse

Deutsch – Muttersprache, Englisch – gute Kenntnisse

IT-Kenntnisse

Microsoft Word, Excel, PowerPoint und Windows – sehr gute Kenntnisse

Interessen

Sport

Aktives Mitglied und Mannschaftsführer im Fußballverein Musterstadt

Musterstadt, 23. August 2007

Andre Schmitt

Bemerkung zum Anschreiben und dem Lebenslauf:

In der ausgeschriebenen Stelle als Industriekaufmann wird aufgeführt, dass der Auszubildende unter anderem die Bereiche Personalabteilung und Buchhaltung durchläuft. Hier kommt Andre zugute, dass er bei der Mustermann KG ein Praktikum in den Bereichen Personalwesen und Buchhaltung absolviert hat. Die dort ausgeübten Tätigkeiten werden im Anschreiben detailliert beschrieben und im Lebenslauf gezielt für die ausgeschriebene Stelle angepasst. Einer Einladung zu einem Vorstellungsgespräch dürfte von dieser Seite her gesehen nichts mehr im Wege stehen.

Im Rahmen seiner Fachoberschule gehen wir davon aus, dass Andre sein Praktikum nicht in der Mustermann KG hat, sondern in einem Klinikum. Kurz vor Ende seines Praktikums nimmt er Rücksprache mit der dortigen Ausbildungsleiterin Frau Sophia Neumann und hat in Erfahrung gebracht, dass für kommendes Jahr noch zwei Ausbildungsplätze als Kaufmann für Büromanagement zu besetzen sind. Er möchte sich gerne bewerben.

Andre Schmitt

Musterstraße 11
12345 Musterstadt
+49 175 123456
stellensuche-andre-schmitt@gmx.de

Klinikum Musterstadt GmbH
Frau Sophia Neumann
Musterfeldstraße 41   Musterstadt, 12. Oktober 2007
23453 Musterhausen

Bewerbung um eine Ausbildungsstelle als Kaufmann für Büromanagement

Sehr geehrte Frau Neumann,

Sie suchen einen Kaufmann für Büromanagement.

Wie Sie meinem Lebenslauf entnehmen können, hatte ich bereits im
Rahmen eines einjährigen Praktikums bei der Klinikum Musterstadt GmbH
Gelegenheit, den Finanz- und Personalbereich Ihres Klinikums
kennenzulernen und meine Kenntnisse im Personalwesen und in der
Buchhaltung zu vertiefen.

Während meines Praktikums wurde ich im Personalwesen eingesetzt. Die
Berechnung von Urlaubstagen, das Schreiben von Rechnungen und
Erstellen von Entgeltabrechnungen gehörten zu meinen Tätigkeiten in
diesem Bereich.

In der Buchhaltung verbuchte ich die Kontoauszüge der Banken sowie
Kassenbewegungen. Meine erworbenen EDV-Kenntnisse fanden in
dieser Zeit ihre Anwendung und Vertiefung.

Im Rahmen meiner derzeitigen Schulausbildung konnte ich mir durch eine
Vielzahl von Referaten einen sicheren Präsentationsstil aneignen. Zum Teil
wurden die Präsentationen mit PowerPoint erstellt, in Gruppen erarbeitet
und moderiert. Für mich bot sich hier eine gute Gelegenheit, meine
Fähigkeiten als Teamplayer zu trainieren und zu erweitern.

Zurzeit befinde ich mich in der 12. Klasse der Fachoberschule Wirtschaft
und Verwaltung bei der Musterschule in Musterstadt und werde diese im Juli
2008 erfolgreich abschließen. Über eine Einladung zu einem
Vorstellungsgespräch freue ich mich sehr.

Mit freundlichen Grüßen

Andre Schmitt
Anlagen

Lebenslauf

Persönliche Daten

Name	Andre Schmitt
Adresse	Musterstraße 11 12345 Musterstadt
Kontaktdaten	+49 175 123456 stellensuche-andre-schmitt@gmx.de
Geboren am Familienstand	1. Januar 1989 in Musterstadt ledig

Schulausbildung

08/2006 – 07/2008	Musterschule, Musterstadt Fachoberschule – Fachrichtung Wirtschaft, Schwerpunkt Wirtschaft und Verwaltung, Abschluss: Fachhochschulreife
08/2000 – 07/2006	Musterschule, Musterstadt Realschule, Abschluss: Mittlere Reife
09/1996 – 07/2000	Musterschule, Musterstadt Grundschule

Praktika

08/2006 – 07/2007	Klinikum Musterstadt GmbH, Musterstadt Praktikum im Bereich Personalwesen/Buchhaltung

Schwerpunkt Personalwesen
- Berechnung von Urlaubstagen
- Schreiben von Rechnungen
- Erstellung von Entgeltabrechnungen

Schwerpunkt Buchhaltung
- Kontierung und Verbuchung der Kontoauszüge der Banken sowie Kassenbewegungen

05/2005 – 05/2005	Muster AG, Musterstadt Praktikum im Bereich Personalwesen und Einkauf

Weitere Qualifikationen

Sprachkenntnisse	Deutsch – Muttersprache, Englisch – gute Kenntnisse
IT-Kenntnisse	Microsoft Word, Excel, PowerPoint und Windows – sehr gute Kenntnisse

Interessen

Sport	Aktives Mitglied und Mannschaftsführer in einem Fußballverein

Musterstadt, 12. Oktober 2007

Andre Schmitt

Bemerkung zum Anschreiben und dem Lebenslauf:

Das Anschreiben ist sehr aussagekräftig formuliert. Andre weist zu Beginn des Anschreibens darauf hin, dass er bereits ein Praktikum bei der Klinikum Musterstadt GmbH in den Bereichen Personalwesen und Buchhaltung absolviert hat. Detailliert werden die ausgeübten Tätigkeiten im Anschreiben beschrieben. Im Lebenslauf werden die einzelnen Schwerpunkte in den jeweiligen Fachbereichen aufgeführt, sodass die Ausbildungsleiterin Frau Neumann und die übrigen Beteiligten gleich auf Anhieb die Kenntnisse und Fähigkeiten von Andre ersehen können. Während des einjährigen Praktikums konnten sich auch die Mitarbeiterinnen und Mitarbeiter in den einzelnen Fachbereichen ein umfassendes Bild von den persönlichen und fachlichen Qualifikationen machen. Im Anschreiben und Lebenslauf werden alle wesentlichen Fakten angesprochen. Die Voraussetzungen für eine Einladung zu einem Vorstellungsgespräch sind gegeben.

In vorliegendem Beispiel gehen wir davon aus, dass Andre nach Abschluss seiner kaufmännischen Ausbildung zum Industriekaufmann bei der Mustergarten GmbH keine Stelle gefunden und sich für eine Weiterbildung zum Betriebswirt entschlossen hat. Nach erfolgreichem Abschluss sucht er derzeit eine Stelle.

Andre recherchiert im Internet nach vakanten Arbeitsstellen. Auf einer Internetseite liest er, dass ein Unternehmen eine Stelle als Sachbearbeiter im Bereich der Finanzbuchhaltung ausgeschrieben hat.

Er entschließt sich, sich auf diese Stelle zu bewerben. Die Stellenanzeige sieht wie folgt aus:

Zur Verstärkung unseres Teams suchen wir zum nächstmöglichen Zeitpunkt eine/n Sachbearbeiter/-in Finanzbuchhaltung.

Ihr Tätigkeitsumfeld umfasst die Mitarbeit im Bereich der Finanzbuchhaltung (Debitoren-/Kreditoren-/Sachkontenbuchhaltung) sowie die Anlagenbuchhaltung.

Wenn Sie sich als engagierter Teamplayer mit eigenverantwortlicher und gewissenhafter Arbeitsweise sehen, dann senden Sie bitte Ihre aussagekräftigen Bewerbungsunterlagen mit Angabe des möglichen Eintrittstermins und Ihrer Gehaltsvorstellung an:
bewerbungen@musterhausen-gmbh.de
Musterhausen GmbH
Musterfeldstraße 41
23453 Musterhausen

Auf den nachfolgenden Seiten finden Sie das ausformulierte Anschreiben mit dem dazugehörigen Lebenslauf.

Andre Schmitt

Musterstraße 11
12345 Musterstadt
+49 175 123456
stellensuche-andre-schmitt@gmx.de

Musterhausen GmbH
Musterfeldstraße 41
23453 Musterhausen

Musterstadt, 1. November 2013

Bewerbung als Sachbearbeiter im Bereich Finanzbuchhaltung

Sehr geehrte Damen und Herren,

Sie suchen einen Sachbearbeiter für die Finanzbuchhaltung.

Bereits während meiner Ausbildung zum Industriekaufmann bei der Mustergarten GmbH war ich in der Buchhaltung eingesetzt. Die Durchführung von Buchungen im Auftrag des Unternehmens gehörte zu meinen Tätigkeiten, ebenso bearbeitete ich Vorgänge im Mahn- und Vollstreckungswesen und führte Auszahlungen durch, bei denen offene Rechnungsbeträge überwiesen worden sind.

Ich habe erkannt, dass ich meine Fähigkeiten in der freien Marktwirtschaft weiterentwickeln möchte, und deshalb meine Ausbildung zum staatlich geprüften Betriebswirt aufgenommen. Meine erworbenen EDV-Kenntnisse fanden in dieser Zeit ihre Anwendung und Vertiefung.

Im Rahmen meiner Schulausbildung konnte ich mir durch eine Vielzahl von Referaten einen sicheren Präsentationsstil aneignen. Diese Präsentationen wurden in Gruppen erarbeitet und moderiert. Für mich bot sich hier eine gute Gelegenheit, meine Fähigkeiten als Teamplayer zu trainieren und zu erweitern.

Meine Gehaltsvorstellung liegt bei 27.000 Euro p. a. Meine zweijährige Ausbildung zum staatlich geprüften Betriebswirt bei der Musterschule in Musterstadt habe ich im Juli 2014 erfolgreich abgeschlossen. Meine Arbeitskraft könnte ich Ihnen ab sofort zur Verfügung stellen. Über eine Einladung zu einem Vorstellungsgespräch freue ich mich sehr.

Mit freundlichen Grüßen

Andre Schmitt

Bemerkung zum Anschreiben:

Das Anschreiben ist aussagekräftig formuliert. Alle wesentlichen Fakten aus der Stellenanzeige werden angesprochen und mit Praxisbeispielen aus dem Berufsalltag belegt. Die Empfängerin oder der Empfänger erkennt sofort, dass der Suchende den Sinn des Anschreibens verstanden hat. Die Gehaltsvorstellung ist ein fiktiver Betrag. Können Sie das Gehaltsgefüge nicht einschätzen, verwenden Sie besser folgenden Satz im Anschreiben: „Meine Gehaltsvorstellung sollte sich im Rahmen des branchenüblichen Tarifvertrages bewegen." Möglicherweise werden Sie in diesem Beruf mit Ihrem überqualifizierten Abschluss auf Dauer nicht arbeiten wollen.

Lebenslauf

Ihr
Bewerbungsfoto

Persönliche Daten

Name	Andre Schmitt
Adresse	Musterstraße 11
	12345 Musterstadt
Kontaktdaten	+49 175 123456
	stellensuche-andre-schmitt@gmx.de
Geboren am	1. Januar 1989 in Musterstadt
Familienstand	ledig

Schulausbildung

08/2012 – 07/2014	Musterschule, Musterstadt Fachschule für Wirtschaft – Fachrichtung Betriebswirtschaft, Schwerpunkt Unternehmensführung, Weiterbildung zum staatlich geprüften Betriebswirt
08/2006 – 07/2008	Musterschule, Musterstadt Fachoberschule – Fachrichtung Wirtschaft, Schwerpunkt Wirtschaft und Verwaltung, Abschluss: Fachhochschulreife

| 08/2000 – 07/2006 | Musterschule, Musterstadt
Realschule, Abschluss: Mittlere Reife |
| 09/1996 – 07/2000 | Musterschule, Musterstadt
Grundschule |

Berufsausbildung

| 08/2009 – 06/2012 | Musterhausen GmbH, Musterstadt
Ausbildung zum Industriekaufmann
Berufsbezeichnung: Industriekaufmann |

Zivildienst

| 08/2008 – 05/2009 | Senioren- und Pflegeheim Musterhausen,
Musterstadt
Zivildienstleistender im Bereich stationäre
Pflege |

Weitere Qualifikationen

Sprachkenntnisse	Deutsch – Muttersprache, Englisch – gute Kenntnisse
IT-Kenntnisse	Microsoft Word, Excel, PowerPoint und Windows – sehr gute Kenntnisse
Weiterbildungen	Ausbildereignung nach AEVO (AdA- Bescheinigung)

Interessen

Sport   Aktives Mitglied und Mannschaftsführer
                               in einem Fußballverein

Musterstadt, 1. November 2013

Andre Schmitt

Bemerkung zum Lebenslauf:

Der Lebenslauf ist strukturiert und übersichtlich aufgebaut. Verbesserungsbedarf gibt es hier nicht!

Das Anschreiben, der Lebenslauf und die übrigen Dokumente (Arbeitszeugnisse etc.) haben dem Unternehmen zugesagt. Sie werden zu einem Vorstellungsgespräch eingeladen. Im Vorstellungsgespräch bekommen Sie zu der ausgeschriebenen Stelle als Sachbearbeiter im Bereich der Finanzbuchhaltung eine der folgenden Fragen gestellt:

„Warum haben Sie sich ausgerechnet bei uns beworben?"
„Warum sollten wir gerade Ihnen eine Stelle anbieten?"
„Warum wollen Sie gerade bei uns arbeiten?"
„Was interessiert Sie an uns?"
„Welcher Job interessiert Sie?"
Fassen Sie doch mal zusammen, warum Sie der/die geeignete Kandidat(-in) für diese Stelle sind.

Ihre Argumentation für das Vorstellungsgespräch könnte wie folgt aussehen:

„Ich kann meine Kenntnisse und Fähigkeiten bei Ihnen einbringen."
„Die Stellenanzeige entspricht meinen Berufszielen."

„Bereits während meiner Ausbildung zum Industriekaufmann bei der Musterhausen GmbH war ich in der Buchhaltung eingesetzt. Ich führte Buchungen im Auftrag des Unternehmens durch, bearbeitete Vorgänge im Mahn- und Vollstreckungswesen und führte Auszahlungen durch, bei denen offene Rechnungsbeträge überwiesen worden sind. In dieser Zeit ist mein Interesse für dieses Fachgebiet entstanden. Und ich kann mir gut vorstellen, als Sachbearbeiter im Bereich der Finanzbuchhaltung zu arbeiten.“

In einer Zeitung liest Andre folgendes Stellenangebot, auf welches er sich gerne bewerben möchte:

Zur Unterstützung unserer Auftragsbearbeitung suchen wir zum nächstmöglichen Zeitpunkt eine/n

Bürokauffrau/Bürokaufmann (m/w/d)

Ihre Aufgaben:

- Bearbeitung von Kundenanfragen per E-Mail und Telefon
- Auftragsbearbeitung im Warenwirtschaftssystem
- System- und Datenpflege

Sie bringen mit:

- Erfolgreich abgeschlossene Berufsausbildung als Bürokauf-frau/-mann
- Gutes 10-Fingerschreiben
- Sehr gute Deutschkenntnisse in Schrift und Sprache
- Sicherer Umgang mit MS-Office
- Erfahrung in der Kundenbetreuung
- Erfahrung mit einem Warenwirtschaftssystem von Vorteil

Wir bieten:

- Die Mitwirkung in einem sehr erfolgreichen Unternehmen und Team
- Ein unbefristetes Arbeitsverhältnis mit leistungsgerechter Vergütung
- Persönliche Entfaltungsmöglichkeiten, kurze Entscheidungswege
- Angenehmes Betriebsklima und gute Infrastruktur

Wir freuen uns auf Ihre Bewerbungsunterlagen mit Angabe Ihres nächstmöglichen Eintrittstermins. Senden Sie Ihre Bewerbung bitte an personal@mustergarten.de.

Mustergarten AG

Musterstraße 9 a

23453 Musterhausen

Andre Schmitt

Musterstraße 11
12345 Musterstadt
+49 175 123456
stellensuche-andre-schmitt@gmx.de

Mustergarten AG
Musterstraße 9 a
23453 Musterhausen

Musterstadt, 5. Oktober 2014

Bewerbung als Bürokaufmann

Sehr geehrte Damen und Herren,

Sie suchen einen Bürokaufmann mit Erfahrung im EDV-Bereich.

Bereits während meiner Ausbildung zum Industriekaufmann bei der Musterhausen GmbH in Musterstadt konnte ich Kenntnisse in der Kundenbetreuung erwerben.

Ich habe erkannt, dass ich meine Fähigkeiten in der freien Marktwirtschaft weiterentwickeln möchte, und deshalb meine Ausbildung zum staatlich geprüften Betriebswirt aufgenommen. Meine erworbenen EDV-Kenntnisse und das Zehnfingerschreiben fanden in dieser Zeit ihre Anwendung und Vertiefung.

Im Rahmen meiner Schulausbildung konnte ich mir durch eine Vielzahl von Referaten einen sicheren Präsentationsstil aneignen. Zum Teil wurden die Präsentationen mit PowerPoint erstellt, in Gruppen erarbeitet und moderiert. Für mich bot sich hier eine gute Gelegenheit, meine Fähigkeiten als Teamplayer zu trainieren und zu erweitern.

Die von Ihnen in Ihrer Stellenausschreibung gewünschte Erfahrung mit einem Warenwirtschaftssystem war leider nicht Bestandteil meiner bisherigen Ausbildung, sondern wurde nur im fachlichen Unterricht behandelt. Gerne bin ich bereit, mir die entsprechenden Kenntnisse zügig anzueignen.

Meine zweijährige Ausbildung zum staatlich geprüften Betriebswirt bei der Musterschule in Musterstadt habe ich im Juli 2014 erfolgreich abgeschlossen. Meine Arbeitskraft könnte ich Ihnen ab sofort zur Verfügung stellen. Über eine Einladung zu einem Vorstellungsgespräch freue ich mich sehr.

Mit freundlichen Grüßen

Andre Schmitt

Anlagen

Bemerkung zum Anschreiben:

Das Anschreiben ist sehr gut formuliert. Alle wesentlichen Fakten werden angesprochen. Die Anforderung „sehr gute Deutschkenntnisse in Wort und Schrift" bringt Andre durch sein Anschreiben kurz und präzise zum Ausdruck. Dass er die gewünschte Erfahrung mit einem Warenwirtschaftssystem nicht erfüllen kann, ist nicht weiter schlimm. Andre kehrt dieses Defizit nicht unter den Tisch, sondern macht deutlich, sich die Fähigkeiten mit einem Warenwirtschaftssystem schnell anzueignen. Das hinterlässt einen guten Eindruck bei der Personalabteilung. Auch die Teamfähigkeit, der sichere Umgang mit MS-Office sowie das Zehnfingerschreiben werden im Anschreiben angesprochen und mit Praxisbeispielen belegt.

Lebenslauf

Persönliche Daten

Name   Andre Schmitt

Adresse   Musterstraße 11
                              12345 Musterstadt

Kontaktdaten   +49 175 123456
                              stellensuche-andre-schmitt@gmx.de

Geboren am   1. Januar 1989 in Musterstadt
Familienstand   ledig

Schulausbildung

08/2012 – 07/2014   Musterschule, Musterstadt
                              Fachschule für Wirtschaft – Fachrichtung
                              Betriebswirtschaft, Schwerpunkt
                              Unternehmensführung, Weiterbildung zum
                              geprüften Betriebswirt (Industrie- und
                              Handelskammer)

08/2006 – 07/2008   Musterschule, Musterstadt
                              Fachoberschule – Fachrichtung Wirtschaft
                              Schwerpunkt: Wirtschaft und Verwaltung,
                              Abschluss: Fachhochschulreife

08/2000 – 07/2006   Musterschule, Musterstadt
                              Realschule, Abschluss: Mittlere Reife

| 09/1996 – 07/2000 | Musterschule, Musterstadt |
| | Grundschule |

Berufsausbildung

08/2009 – 06/2012	Musterhausen GmbH, Musterstadt
	Ausbildung zum Industriekaufmann
	Berufsbezeichnung: Industriekaufmann

Zivildienst

08/2008 – 05/2009	Senioren- und Pflegeheim Musterhausen,
	Musterstadt
	Zivildienstleistender im Bereich stationäre
	Pflege

Weitere Qualifikationen

| Sprachkenntnisse | Deutsch – Muttersprache, Englisch – gute |
| | Kenntnisse |

| IT-Kenntnisse | Microsoft Word, Excel, PowerPoint und |
| | Windows – sehr gute Kenntnisse |

| Weiterbildungen | Ausbildereignung nach AEVO (AdA- |
| | Bescheinigung) |

Interessen

| Sport | Aktives Mitglied und Mannschaftsführer in |
| | einem Fußballverein |

Musterstadt, 5. Oktober 2014

Andre Schmitt

Anhand des Bewerbungsanschreibens dürfte einer Einladung zu einem Vorstellungsgespräch nichts mehr im Wege stehen. Andre verschickt sein Anschreiben zusammen mit seinen anderen Unterlagen. Auch der lückenlose Lebenslauf lässt keine Fragen zum Werdegang mehr offen. Zwei Wochen später wird er zu einem Vorstellungsgespräch eingeladen. Hier bekommt er zu der ausgeschriebenen Stelle als Bürokaufmann eine der folgenden Fragen gestellt:

„Warum haben Sie sich ausgerechnet bei uns beworben?"
„Warum sollten wir gerade Ihnen eine Stelle anbieten?"
„Warum wollen Sie gerade bei uns arbeiten?"
„Was interessiert Sie an uns?"

Sie sollten sich im Vorfeld Argumente zurechtlegen, warum Sie der geeignete Kandidat für die vakante Stelle sind. Seien Sie selbstbewusst. Auch Ihre Körpersprache ist ein wichtiger Faktor, der das Vorstellungsgespräch beeinflussen kann. Wenn Sie zum Beispiel die Arme verschränken oder nervös mit den Fingern auf Ihren Oberschenkel trommeln, vielleicht keinen Blickkontakt zu Ihrem Gegenüber aufbauen können, dann hinterlässt dies keinen guten Eindruck.

In einer Tageszeitung liest Andre folgendes Stellenangebot, auf das er sich gerne bewerben möchte:

Zur Unterstützung unseres Verkaufsteams in der Stadtregion suchen wir zum nächstmöglichen Zeitpunkt:

Mediaberater/-in für den Anzeigenverkauf

Ihre Aufgaben:
- Verkäuferische Betreuung von bestehenden Werbekunden
- Gewinnung von neuen Werbekunden
- Führen von persönlichen und telefonischen Verkaufs- und Beratungsgesprächen
- Abwicklung von Anzeigen-Aufträgen von der Erfassung bis zur korrekten Rechnungsstellung

Ihr Profil:
- Sie verfügen über eine abgeschlossene kaufmännische Ausbildung.
- Sie haben Erfahrung im Kundenkontakt, idealerweise im Verkauf.
- Sie zählen Eigeninitiative, Flexibilität und Teamfähigkeit zu Ihren Stärken.
- Sie kennen sich im Umgang mit den gängigen Microsoft-Office-Programmen aus.
- Sie haben Freude am Verkaufserfolg.

Interessiert?

Dann freuen wir uns auf Ihre aussagekräftigen Bewerbungsunterlagen unter Angabe des frühestmöglichen Eintrittstermins an:

Musterhausen GmbH & Co. KG

Herrn Peter Engel

Musterfeldallee 7 b

23453 Musterhausen

Andre Schmitt

Musterstraße 11
12345 Musterstadt
+49 175 123456
stellensuche-andre-schmitt@gmx.de

Musterhausen GmbH & Co. KG
Herrn Peter Engel
Musterfeldallee 7 b
23453 Musterhausen

Musterstadt, 24. Oktober 2014

Bewerbung als Mediaberater für den Anzeigenverkauf

Sehr geehrter Herr Engel,

Sie suchen einen Mediaberater für den Anzeigenverkauf mit Erfahrung im EDV-Bereich.

Nach meiner Ausbildung zum Industriekaufmann bei der Musterhausen GmbH in Musterstadt habe ich erkannt, dass ich meine Fähigkeiten in der freien Marktwirtschaft weiterentwickeln möchte, und deshalb meine Ausbildung zum staatlich geprüften Betriebswirt aufgenommen. Meine bereits erworbenen EDV-Kenntnisse fanden in dieser Zeit ihre Anwendung und Vertiefung.

Im Rahmen meiner Schulausbildung konnte ich mir durch eine Vielzahl von Referaten einen sicheren Präsentationsstil aneignen. Zum Teil wurden die Präsentationen mit PowerPoint erstellt, in Gruppen erarbeitet und moderiert. Für mich bot sich hier eine gute Gelegenheit, meine Fähigkeiten als Teamplayer zu trainieren und zu erweitern.

Meine zweijährige Ausbildung zum staatlich geprüften Betriebswirt bei der Musterschule in Musterstadt habe ich im Juli 2014 erfolgreich abgeschlossen. Meine Arbeitskraft könnte ich Ihnen ab sofort zur Verfügung stellen. Über eine Einladung zu einem Vorstellungsgespräch freue ich mich sehr.

Mit freundlichen Grüßen

Andre Schmitt

Anlagen

Lebenslauf

Persönliche Daten

Name   Andre Schmitt

Adresse   Musterstraße 11
                            12345 Musterstadt

Kontaktdaten   +49 175 123456
                            stellensuche-andre-schmitt@gmx.de

Geboren am   1. Januar 1989 in Musterstadt
Familienstand   ledig

Schulausbildung

08/2012 – 07/2014   Musterschule, Musterstadt
                            Fachschule für Wirtschaft – Fachrichtung
                            Betriebswirtschaft, Schwerpunkt
                            Unternehmensführung, Weiterbildung zum
                            staatlich geprüften Betriebswirt

08/2006 – 07/2008   Musterschule, Musterstadt
                            Fachoberschule – Fachrichtung Wirtschaft
                            Schwerpunkt: Wirtschaft und Verwaltung,
                            Abschluss: Fachhochschulreife

08/2000 – 07/2006   Musterschule, Musterstadt
                            Realschule, Abschluss: Mittlere Reife

| 09/1996 – 07/2000 | Musterschule, Musterstadt |
| | Grundschule |

Berufsausbildung

08/2009 – 06/2012	Musterhausen GmbH, Musterstadt
	Ausbildung zum Industriekaufmann
	Berufsbezeichnung: Industriekaufmann

Zivildienst

08/2008 – 05/2009	Senioren- und Pflegeheim Musterhausen,
	Musterstadt
	Zivildienstleistender im Bereich stationäre
	Pflege

Weitere Qualifikationen

| Sprachkenntnisse | Deutsch – Muttersprache, Englisch – gute |
| | Kenntnisse |

| IT-Kenntnisse | Microsoft Word, Excel, PowerPoint und |
| | Windows – sehr gute Kenntnisse |

| Weiterbildungen | Ausbildereignung nach AEVO |
| | (AdA-Bescheinigung) |

Interessen

| Sport | Aktives Mitglied und Mannschaftsführer in |
| | einem Fußballverein |

Musterstadt, 24. Oktober 2014

Andre Schmitt

Bemerkung zum Anschreiben und dem Lebenslauf:

Das Anschreiben und den Lebenslauf kann man guten Gewissens so versenden. Allerdings wird es – sofern dem Unternehmen die Bewerbungsunterlagen zusagen – im Vorstellungsgespräch vornehmlich darum gehen, ob der Bewerber ein Vertriebstyp ist. Es steht also im Vordergrund, wie man als Person auf die Beteiligten wirkt. Hier ist eine offene Art gefragt, höfliche Umgangsformen und positives Denken.

Andre recherchiert im Internet auf verschiedenen Stellenbörsen und wird auf folgendes Stellenangebot aufmerksam:

Wir suchen eine(n) Kollegen/-in

für die Sachbearbeitung und Unterstützung der Vertriebslogistik in unserem Büro

(Bürokaufmann/-frau)

zum nächstmöglichen Zeitpunkt in Festanstellung.

Ihre Aufgaben:

- Unterstützung bei der Planung und Disposition von Einkaufs- und Verkaufsabläufen
- Arbeiten im Warenwirtschaftssystem
- Telefongesprächsannahme und Weiterleitung
- Auftragserfassung
- Kommunikation mit Kunden und Dienstleistern
- Statistiken und Datenpoolpflege
- Allgemeine Bürotätigkeiten

Ihr Profil:

- Selbstständige Arbeitsweise und eine schnelle Auffassungsgabe
- Gutes Zahlenverständnis
- Verantwortungsbewusstsein und Zuverlässigkeit
- Kommunikations- und Teamfähigkeit
- Exaktes und zuverlässiges Arbeiten

Fachliche Anforderungen:

- Abgeschlossene kaufmännische Ausbildung
- Sehr gute EDV-Kenntnisse
- Englischkenntnisse

Bitte bewerben Sie sich per E-Mail mit Angabe des frühesten Eintritts-termins.

Arbeitsort:

Musterhausen KG

Frau Michaela Möller

Musterstraße 11

12345 Musterstadt

Bei dieser fiktiven Stellenanzeige gehen wir davon aus, dass Andre keine Weiterbildung zum staatlich geprüften Betriebswirt absolviert hat, sondern nur eine abgeschlossene kaufmännische Ausbildung als Industriekaufmann vorweisen kann, nach seiner Ausbildung nicht übernommen worden ist und aktuell dieses Stellenangebot gelesen hat, auf das er sich gerne bewerben möchte.

Andre Schmitt

Musterstraße 11
12345 Musterstadt
+49 175 123456
stellensuche-andre-schmitt@gmx.de

Mustergarten KG
Frau Michaela Möller
Musterstraße 9 a
23453 Musterhausen

Musterstadt, 12. August 2012

Bewerbung als Bürokaufmann

Sehr geehrte Frau Möller,

Sie suchen einen Bürokaufmann mit Erfahrung im EDV-Bereich.

Während meiner Ausbildung zum Industriekaufmann bei der Musterhausen GmbH in Musterstadt wurde ich in der Buchhaltung eingesetzt. Die Durchführung von Buchungen im Auftrag des Unternehmens gehörte zu meinen Tätigkeiten, ebenso bearbeitete ich Vorgänge im Mahn- und Vollstreckungswesen und führte Auszahlungen durch, bei denen offene Rechnungsbeträge überwiesen worden sind.

Im Rahmen meiner Ausbildung konnte ich mir durch eine Vielzahl von Referaten einen sicheren Präsentationsstil aneignen. Diese Präsentationen wurden in Gruppen erarbeitet und moderiert. Für mich bot sich hier eine gute Gelegenheit, meine Fähigkeiten als Teamplayer zu trainieren und zu erweitern.

Meine dreijährige Ausbildung zum Industriekaufmann bei der Musterhausen GmbH habe ich im Juni 2012 erfolgreich abgeschlossen. Meine Arbeitskraft könnte ich Ihnen ab sofort zur Verfügung stellen.

Über eine Einladung zu einem Vorstellungsgespräch freue ich mich sehr.

Mit freundlichen Grüßen

Andre Schmitt

Anlagen

Bemerkung zum Anschreiben:

In der Stellenanzeige wird unter anderem ein gutes Zahlenverständnis gefordert. Andre unterstreicht sein ausgeprägtes Zahlenverständnis damit, indem er seine Tätigkeiten aus der Buchhaltung beschreibt. Das ist sehr gut. Der Leser erkennt sofort, dass Andre die Stellenanzeige aufmerksam gelesen und verstanden hat. Die Teamfähigkeit belegt Andre ebenfalls mit Praxisbeispielen aus dem beruflichen Alltag.

Lebenslauf

Persönliche Daten

Name   Andre Schmitt

Adresse   Musterstraße 11
                        12345 Musterstadt

Kontaktdaten   +49 175 123456789
                        stellensuche-andre-schmitt@gmx.de

Geboren am   1. Januar 1989 in Musterstadt
Familienstand   ledig

Berufsausbildung

08/2009 – 06/2012   Musterhausen GmbH, Musterstadt
                        Ausbildung zum Industriekaufmann
                        Berufsbezeichnung: Industriekaufmann

Zivildienst

08/2008 – 05/2009   Senioren- und Pflegeheim Musterhausen,
                        Musterstadt
                        Zivildienstleistender im Bereich stationäre
                        Pflege

Schulausbildung

08/2006 – 07/2008	Musterschule, Musterstadt Fachoberschule – Fachrichtung Wirtschaft Schwerpunkt: Wirtschaft und Verwaltung, Abschluss: Fachhochschulreife
08/2000 – 07/2006	Musterschule, Musterstadt Realschule, Abschluss: Mittlere Reife
09/1996 – 07/2000	Musterschule, Musterstadt Grundschule

Weitere Qualifikationen

Sprachkenntnisse	Deutsch – Muttersprache, Englisch – sehr gute Kenntnisse
IT-Kenntnisse	Microsoft Word, Excel, PowerPoint und Windows – sehr gute Kenntnisse

Interessen

Sport	Aktives Mitglied und Mannschaftsführer im Fußballverein Musterstadt

Künzell, 12. August 2012

Andre Schmitt

Bemerkung zum Lebenslauf:

Der Lebenslauf wirkt strukturiert und übersichtlich. Andre hat seine Berufsausbildung im Juni 2012 abgeschlossen. Sie wissen ja sicherlich noch, dass die Tätigkeiten im Lebenslauf chronologisch aufgeführt werden, beginnend mit der aktuellsten. Lediglich die Argumentation im Vorstellungsgespräch auf die Frage „Warum haben Sie sich bei uns beworben?" könnte eine kleine Herausforderung darstellen, da Andre Berufseinsteiger ist und sich nur auf seine Ausbildung zum Industriekaufmann berufen kann. Auch hier zeige ich Ihnen, wie Andre das Maximum herausholen kann, wenn er zum Vorstellungsgespräch eingeladen wird.

Die Argumentation für das Vorstellungsgespräch könnte wie folgt aussehen:

Ich kann meine Kenntnisse und Fähigkeiten bei Ihnen einbringen. Die Stellenanzeige entspricht meinen Berufszielen.

Bereits während meiner Ausbildung zum Industriekaufmann habe ich mich im fachlichen Unterricht mit den Eigenschaften, Funktionen und möglichen Bestandteilen eines Warenwirtschaftssystems auseinandergesetzt und mir erstes Hintergrundwissen angeeignet.

Bei meiner praxisbezogenen Mitarbeit bei der Mustermann GmbH konnte ich weitere Erfahrung mit einem Warenwirtschaftssystem sammeln. Ich habe Bestellungen, Artikel-, Lieferanten- sowie Kundenstammdaten angelegt. Des Weiteren habe ich Lagerzu- und Lagerabgänge verbucht und Bestellungen ausgelöst. Ich kann mir sehr gut vorstellen, als Bürokaufmann zu arbeiten.

Wir gehen nach wie vor davon aus, dass Andre nach seiner Ausbildung zum Industriekaufmann nicht übernommen worden ist und sich weiterhin auf Stellensuche befindet. Der Unterschied zur vorherigen Situation, bei dem Andre gleich im Anschluss an seine Ausbildung ein Anstellungsverhältnis gefunden hat, besteht darin, dass er schon seit einem halben Jahr nach einer Stelle sucht. Nach seiner erfolgreich abgeschlossenen Ausbildung zum Industriekaufmann entschließt sich Andre, ein Praktikum in einem mittelständischen Betrieb zu absolvieren. Während seines dreimonatigen Praktikums ist er in den Abteilungen Einkauf, Personalwesen und Marketing eingesetzt. Das Praktikum ist abgeschlossen und leider immer noch keine Stelle in Aussicht. Er beschließt, ein Studium im Bereich Betriebswirtschaftslehre anzustreben. Nach drei Monaten merkt Andre, dass ihm das Studium zu viel abverlangt. Er bricht es ab und sucht nach einer Stelle. Da er sich beruflich noch weiterentwickeln möchte, ein Studium für ihn aber nicht infrage kommt, visiert er eine Aufstiegsfortbildung zum Personalfachkaufmann an.

Während dieser Zeit liest er in einer Zeitung das folgende Stellenangebot:

Wir suchen ab sofort eine Mitarbeiterin/einen Mitarbeiter

für unseren Bereich Personalabteilung (Aushilfsmanagement)

(Kaufmann für Büromanagement)

Hauptaufgaben:
- Personalbeschaffung (Mitarbeitersuche, -auswahl und -einstellung)
- Personaleinsatzplanung
- Personalbetreuung (Korrespondenz, Datenerfassung und -pflege)
- Entgeltabrechnung bzw. deren Vorbereitung und Kontrolle
- Unterweisung neuer Mitarbeiter in Arbeitssicherheit
- Ansprechpartner für Personaldienstleister

Unsere Anforderungen an Sie:
- kaufmännische Ausbildung

Kenntnisse:
- sicherer Umgang mit MS Office (insbesondere Word und Excel)

persönlich:
- ein hohes Maß an Eigeninitiative und Motivation
- Freude am Umgang mit Menschen
- selbstständiges und verantwortungsbewusstes Arbeiten
- dienstleistungs- und ergebnisorientiertes Handeln
- Überzeugen durch Kommunikationsstärke und hohe Einsatzbereitschaft

Ihre gute Menschenkenntnis kommt Ihnen beim Umgang mit unseren Kunden und Mitarbeitenden zugute.

Wir bieten Ihnen eine interessante, herausfordernde Aufgabe sowie freundliche Kollegen.

Bewerbung an:

Mustergarten AG
Herrn Dr. Peter Neumann
Musterfeldallee 10 b
12345 Musterstadt

Wir freuen uns auf Ihre Bewerbung!

Andre Schmitt

Musterstraße 11
12345 Musterstadt
+49 175 123456
stellensuche-andre-schmitt@gmx.de

Mustergarten AG
Herrn Dr. Peter Neumann
Musterfeldallee 10 b
12345 Musterstadt

Musterstadt, 10. April 2014

Bewerbung als Kaufmann für Büromanagement

Sehr geehrter Herr Dr. Neumann,

Sie suchen einen Mitarbeiter für den Bereich Personalabteilung (Aushilfsmanagement) mit Erfahrung im EDV-Bereich.

Während meiner Ausbildung zum Industriekaufmann bei der Musterhausen GmbH wurde ich im Personalwesen eingesetzt. Schon hier ist bei mir das besondere Interesse für dieses Fachgebiet entstanden. Das Erstellen der Entgeltabrechnungen sowie die tarifgerechte Eingruppierung der Mitarbeiter gehörten zu meinen Tätigkeiten in diesem Bereich. Meine erworbenen EDV-Kenntnisse fanden in dieser Zeit ihre Anwendung und Vertiefung.

Im Rahmen meiner Schulausbildung konnte ich mir durch eine Vielzahl von Referaten einen sicheren Präsentationsstil aneignen. Diese Präsentationen wurden in Gruppen erarbeitet und moderiert. Für mich bot sich hier eine gute Gelegenheit, meine Fähigkeiten als Teamplayer zu trainieren und zu erweitern.

Zurzeit befinde ich mich im dritten Semester eines Studiums im Bereich Betriebswirtschaftslehre an der Hochschule Musterstadt. Da ich meine Stärken jedoch eher in der praktischen Tätigkeit für ein Unternehmen als in der theorieorientierten Arbeitsweise an einer Hochschule sehe, möchte ich diese Bewerbung nutzen, um meine Stärken in Ihr Unternehmen einzubringen. Meine Arbeitskraft könnte ich Ihnen ab sofort zur Verfügung stellen. Über eine Einladung zu einem Vorstellungsgespräch würde ich mich sehr freuen.

Mit freundlichen Grüßen

Andre Schmitt

Anlagen

Bemerkung zum Anschreiben:

In der Stellenanzeige werden detailliert die Hauptaufgaben beschrieben. Hier kommt Andre zugute, dass er neben seinem Studium eine praxisbezogene Ausbildung zum IHK-geprüften Personalfachkaufmann angestrebt hat. Seine Weiterbildung kann er neben seiner kaufmännischen Ausbildung zum Industriekaufmann im Vorstellungsgespräch einfließen lassen, indem er verdeutlicht, mit welchen Themen er sich in seiner praxisbezogenen Weiterbildung auseinandergesetzt hat.

Sollte es zu einem Vorstellungsgespräch kommen, in dem die Frage gestellt wird, warum sich Andre gerade bei dieser Firma beworben habe, kann er unter anderem antworten, dass er im Rahmen seiner Ausbildung zum Industriekaufmann Entgeltabrechnungen erstellt und Mitarbeiter tarifgerecht gruppiert habe. Diese Tätigkeit habe ihm sehr gefallen, weswegen er sich auf diese Stelle beworben habe.

Lebenslauf

Persönliche Daten

Name	Andre Schmitt
Adresse	Musterstraße 11 12345 Musterstadt
Kontaktdaten	+49 175 123456 stellensuche-andre-schmitt@gmx.de
Geboren am Familienstand	1. Januar 1989 in Musterstadt ledig

Hochschulstudium

10/2012 – heute	Hochschule Musterstadt, Musterstadt Studiengang: Bachelor Betriebswirt- schaftslehre (B. A.)

Berufsausbildung

08/2009 – 06/2012	Musterhausen GmbH, Musterstadt Ausbildung zum Industriekaufmann Abschluss: Industriekaufmann

Zivildienst

08/2008 – 05/2009   Senioren- und Pflegeheim Musterhausen,
                           Musterstadt
                           Zivildienstleistender im Bereich stationäre
                           Pflege

Schulausbildung

08/2006 – 07/2008   Musterschule, Musterstadt
                           Fachoberschule – Fachrichtung Wirtschaft
                           Schwerpunkt: Wirtschaft und Verwaltung,
                           Abschluss: Fachhochschulreife

08/2000 – 07/2006   Musterschule, Musterstadt
                           Realschule, Abschluss: Mittlere Reife

09/1996 – 07/2000   Musterschule, Musterstadt
                           Grundschule

Weiterbildung

09/2012 – 01/2013   Musterschule, Musterstadt
                           Weiterbildung zum IHK-geprüften
                           Personalfachkaufmann

Weitere Qualifikationen

Sprachkenntnisse   Deutsch – Muttersprache, Englisch – sehr
                           gute Kenntnisse

IT-Kenntnisse   Microsoft Word, Excel, PowerPoint und
                           Windows – sehr gute Kenntnisse

Interessen

Sport   Aktives Mitglied und Mannschaftsführer
                                im Fußballverein Musterstadt

Musterstadt, 10. April 2014

Andre Schmitt

Bemerkung zum Lebenslauf:

Der Lebenslauf ist übersichtlich strukturiert. Dass Andre sein Studium abbrechen möchte, ist nicht weiter schlimm. Im Vorstellungsgespräch muss er aber damit rechnen, gefragt zu werden, warum er sein Studium abbrechen möchte und neben dem Studium eine praxisbezogene Weiterbildung angestrebt hat.

Beispielsweise könnte eine Frage im Vorstellungsgespräch lauten:

„Warum haben Sie sich bei uns beworben, wenn Sie doch an der Hochschule studieren?"

Darauf könnte Andre antworten:

„Ich habe einen Einblick bekommen, was es heißt zu studieren und möchte mich mit der Theorie nicht mehr weiter auseinandersetzen, sondern lieber in der Praxis arbeiten."

„Mit was genau sind Sie im Studium nicht zurechtgekommen?"

„Ich habe gemerkt, dass ich nicht der Theoretiker bin, und wende die Sachen lieber in der Praxis an."

„Haben Sie Noten von Ihrem Studium?"

„Nein, habe ich nicht."

„Warum können Sie keine Noten von Ihrem Studium vorlegen?"

„Ich habe keine offiziellen Prüfungen gestartet, weil ich die Fristen nicht auslösen wollte."

„Warum haben Sie sich für ein Studium im Bereich Betriebswirtschaftslehre entschieden, obwohl Sie doch mit dem staatlich geprüften Betriebswirt alles erreicht haben?"

„Ich wollte mein Wissen vertiefen. Allerdings habe ich – zum Glück rechtzeitig – bemerkt, dass ich nicht der Theoretiker bin. Ich sehe meine Stärken definitiv in der Praxis."

„Der staatlich geprüfte Betriebswirt ist doch im Vergleich zu Ihrem Studium auch nur fachlicher Unterricht. Was ist am Studiengang Betriebswirtschaftslehre schwieriger als am staatlich geprüften Betriebswirt?"

„Der staatlich geprüfte Betriebswirt orientiert sich am Ausbildungswesen und nicht am Hochschulwesen. Die Weiterbildung zum staatlich geprüften Betriebswirt ist praxisorientierter und, wie ich finde, viel interessanter. Das habe ich jedoch erst festgestellt, als ich das Studium begonnen habe und dadurch den direkten Vergleich hatte."

„Warum studieren Sie schon so lange, wenn Sie doch gleich zu Beginn bemerkten, dass das Studium nicht Ihren Erwartungen entspricht?"

„Ich dachte, dass das theoretische Wissen im Grundstudium vermittelt würde und es mit steigenden Semestern praxisorientierter würde. Da das nicht der Fall war, habe ich eine gute Alternative für mich gesucht."

„Wollen Sie Ihr Studium nicht noch zu Ende machen?"

„Nein, ich würde viel lieber meine Energie in eine praktische Tätigkeit stecken, weil ich mir sicher bin, dass das der richtige Weg für mich ist."

Bei dem folgenden Beispiel gehen wir davon aus, dass Andre keine abgeschlossene kaufmännische Ausbildung als Industriekaufmann hat, sondern Verwaltungsfachangestellter ist und sich mit dieser Ausbildung bei einer Behörde bewirbt. Auf einem Jobportal wird er auf folgendes Stellenangebot aufmerksam.

Bei der Musterstadt XY (ca. 6 000 Einwohner) ist zum nächstmöglichen Zeitpunkt eine Vollzeitstelle (39 Stundenwoche) als

Verwaltungsfachangestellter

zu besetzen.

Ihre Aufgabenschwerpunkte im Wesentlichen:
- Verwaltung der gemeindlichen Grundstücke
- Zuarbeit für die Bauverwaltung und den Bauhofleiter
- Sachbearbeitung für das Gewerbewesen sowie der öffentlichen Sicherheit und Ordnung

Wir erwarten von Ihnen:
- Erfolgreich abgeschlossene Ausbildung zum/zur Verwaltungsfachangestellten
- Fundierte EDV-Kenntnisse (MS Office)
- Erfahrungen im Bereich öffentliche Sicherheit und Ordnung bzw. Baurecht sind wünschenswert
- Erweiterte Kenntnisse in der Kundenbetreuung und -beratung

- Engagierte, selbstständige und eigenverantwortliche Arbeitsweise
- Kommunikations- und Teamfähigkeit
- Flexibilität, Zuverlässigkeit und Verantwortungsbewusstsein

Wir bieten Ihnen:
- Ein interessantes, vielseitiges und anspruchsvolles Aufgabengebiet
- Eine leistungsgerechte Vergütung nach dem Tarifvertrag für den öffentlichen Dienst (TVöD) mit betrieblicher Altersvorsorge

Ihre aussagekräftige Bewerbung (Anschreiben, Lebenslauf sowie Zeugnisse) richten Sie bitte an Musterstadt XY, Musterstraße 12, 12345 Musterstadt

Andre Schmitt

Musterstraße 11
12345 Musterstadt
+49 175 123456
stellensuche-andre-schmitt@gmx.de

Musterstadt XY
Musterstraße 12
12345 Musterstadt

Musterstadt, 11. Juni 2012

Bewerbung als Verwaltungsfachangestellter

Sehr geehrte Damen und Herren,

Sie suchen einen Verwaltungsfachangestellten mit Erfahrung im EDV-Bereich und abgeschlossener Ausbildung.

Während meiner Ausbildung zum Verwaltungsfachangestellten bei der Gemeinde Musterhausen wurde ich im Meldeamt eingesetzt. Ich beantragte Personalausweise, Reisepässe und polizeiliche Führungszeugnisse.

Im Gewerbeamt erteilte ich Auskünfte aus dem Gewerbezentralregister und führte Gewerbean- und Gewerbeabmeldungen durch. Meine bereits erworbenen EDV-Kenntnisse fanden in dieser Zeit ihre Anwendung und Vertiefung.

Im Rahmen meiner Schulausbildung konnte ich mir durch eine Vielzahl von Referaten einen sicheren Präsentationsstil aneignen. Diese Präsentationen wurden in Gruppen erarbeitet und moderiert. Für mich bot sich hier eine gute Gelegenheit, meine Fähigkeiten als Teamplayer zu trainieren und zu erweitern.

Meine dreijährige Ausbildung zum Verwaltungsfachangestellten bei der Gemeinde Musterhausen habe ich im Juni 2012 erfolgreich abgeschlossen. Meine Arbeitskraft könnte ich Ihnen ab sofort zur Verfügung stellen. Über eine Einladung zu einem Vorstellungsgespräch würde ich mich sehr freuen.

Mit freundlichen Grüßen

Andre Schmitt

Anlagen

Lebenslauf

Persönliche Daten

Name   Andre Schmitt

Adresse   Musterstraße 11
                        12345 Musterstadt

Kontaktdaten   +49 175 123456
                        stellensuche-andre-schmitt@gmx.de

Geboren am   1. Januar 1989 in Musterstadt
Familienstand   ledig

Berufsausbildung

08/2009 – 06/2012   Gemeinde Musterhausen, Musterhausen
                        Ausbildung zum
                        Verwaltungsfachangestellten,
                        Abschluss: Verwaltungsfachangestellter

Zivildienst

08/2008 – 05/2009   Senioren- und Pflegeheim Musterhausen,
                        Musterstadt
                        Zivildienstleistender im Bereich stationäre
                        Pflege

Schulausbildung

08/2006 – 07/2008   Musterschule, Musterstadt
Fachoberschule – Fachrichtung Wirtschaft
Schwerpunkt: Wirtschaft und Verwaltung,
Abschluss: Fachhochschulreife

08/2000 – 07/2006   Musterschule, Musterstadt
Realschule, Abschluss: Mittlere Reife

09/1996 – 07/2000   Musterschule, Musterstadt
Grundschule

Weitere Qualifikationen

Sprachkenntnisse   Deutsch – Muttersprache, Englisch – sehr
gute Kenntnisse

IT-Kenntnisse   Microsoft Word, Excel, PowerPoint und
Windows – sehr gute Kenntnisse

Interessen

Sport   Aktives Mitglied und Mannschaftsführer
im Fußballverein Musterstadt

Musterstadt, 11. Juni 2012

Andre Schmitt

Bemerkung zum Anschreiben und dem Lebenslauf:

Andre bewirbt sich bei dieser Stellenausschreibung im Öffentlichen Dienst. Das wichtigste Detail der Stellenanzeige „Erfolgreich abgeschlossene Ausbildung zum/zur Verwaltungsfachangestellten" gefolgt von fundierten EDV-Kenntnissen (MS Office) wird bereits im Einleitungssatz des Anschreibens klar und deutlich zum Ausdruck gebracht. Das ist sehr gut. Die Leserin oder der Leser erkennt sofort, dass die Stellenanzeige aufmerksam gelesen und verstanden wurde. Bei der dritten Anforderung „Erfahrungen im Bereich öffentliche Sicherheit und Ordnung bzw. Baurecht sind wünschenswert" handelt es sich um eine Qualifikation, die nicht unbedingt erfüllt sein muss, jedoch von Vorteil wäre, wenn diese mit Praxisbeispielen belegt werden könnte. Ist dies nicht der Fall, sollte trotzdem im Anschreiben auf diese Kannbestimmung eingegangen werden: „Die von Ihnen in Ihrer Stellenanzeige gewünschten Erfahrungen im Bereich der öffentlichen Sicherheit und Ordnung sowie im Baurecht waren leider nicht Bestandteil meiner bisherigen Ausbildung. Gerne bin ich bereit, mir die entsprechenden Kenntnisse zügig anzueignen." Die Leserin oder der Leser erkennt sofort, dass Defizite nicht unter den Teppich gekehrt werden, sondern gezielt im Anschreiben darauf eingegangen wird. In der Stellenanzeige werden unter anderem gefordert: „Erweiterte Kenntnisse in der Kundenbetreuung und -beratung". Im Anschreiben wird diese Anforderung mit Praxisbeispielen aus dem Melde- und Gewerbeamt belegt. Der Lebenslauf ist in Ordnung.

Das Vorstellungsgespräch

Ein erstes Vorstellungsgespräch ist für jeden mit Aufregung, Nervosität und Anspannung verbunden. Das Ziel des Vorstellungsgesprächs besteht darin, dass das Unternehmen einen persönlichen Eindruck über Sie als Person gewinnt, Ihr Eignungspotenzial feststellen kann, Sie als Bewerberin oder Bewerber informiert und Ihre Interessen und Wünsche erkennt. Hilfreich ist für den Bewerber, diverse Regeln zu beachten, um Kommunikationsfehler zu vermeiden und nicht gleich am Anfang in peinliche Fettnäpfchen zu treten.

Kontaktpflege vor dem Vorstellungsgespräch

Bei der Einladung zu einem Vorstellungsgespräch gehen Unternehmen unterschiedlich vor. Einige laden postalisch ein, andere verschicken eine Einladung über E-Mail oder rufen die Bewerberin oder den Bewerber an. Letztere Möglichkeit ist die am häufigsten vorkommende. Ruft Sie das Unternehmen an, bei dem Sie sich beworben haben, gehen Sie bitte nicht sofort ans Telefon. Das mag Ihnen vielleicht jetzt merkwürdig erscheinen, ist es aber nicht. Oft müssen Bewerberinnen oder Bewerber eine Vielzahl an Bewerbungen schreiben, um überhaupt eine Einladung zu einem Vorstellungsgespräch zu bekommen. Schnell hat man den Überblick verloren und weiß auf Anhieb nicht, welche Bewerbungen aktuell noch offen sind. In der Regel wird die Telefon- oder Handynummer des Anrufers auf Ihrem Display angezeigt. So haben Sie die

Möglichkeit, die angerufene Nummer zurückzuverfolgen, wenn Sie sich zuvor das Anschreiben und die Stellenanzeige ausgedruckt und in einem dafür vorgesehenen Ordner abgelegt oder auf Ihrem PC abgespeichert haben. Auf diese Weise behalten Sie immer den genauen Überblick und wissen dann bei Ihrem Rückruf sicher, auf welche Stelle Sie sich bei dem jeweiligen Unternehmen konkret beworben haben.

Telefonkontakt

Wichtig beim ersten Telefonkontakt ist vor allem, dass Sie sich für das Gespräch ausreichend Zeit nehmen und sich eine Umgebung suchen, in der Sie sich ungestört unterhalten können. Beim Anruf stellen Sie sich mit Ihrem vollständigen Namen vor. Am besten ist es, wenn Sie sagen: „Guten Tag, mein Name ist Andre Schmitt. Sie haben versucht, mich anzurufen." An dieser Stelle warten Sie ab, was Ihr Gegenüber Ihnen mitzuteilen hat. Halten Sie unbedingt diese nun folgende Pause ein, auch wenn es etwas unangenehm sein sollte und Sie das Gefühl haben, etwas sagen zu müssen. In den meisten Fällen haben Sie die dafür zuständige Ansprechpartnerin oder den dafür zuständigen Ansprechpartner bereits am Telefon. Es kann auch vorkommen, dass die Person am anderen Ende der Leitung zu Ihnen sagt: „Einen Moment bitte, ich verbinde Sie weiter an Frau oder Herrn Meier." Sollte dies der Fall sein, bedanken Sie sich dafür und warten ab, bis Frau oder Herr Meier Ihren Anruf entgegennimmt. Meldet sich dann Frau oder Herr Meier, sagen Sie: „Guten Tag, mein Name ist Andre Schmitt. Sie haben versucht, mich anzurufen." Warten Sie erneut an dieser Stelle ab, was Frau oder Herr Meier antwortet. Häufig wird ein Bezug zu der ausgeschriebenen Stelle hergestellt, indem gesagt wird: „Sie haben sich bei uns als ‚Titel des Stellenangebots' beworben. Wir möchten Sie gerne zu einem Vorstellungsgespräch einladen." An dieser Stelle können Sie, sofern Sie nicht gleich einen Terminvorschlag angeboten bekommen, sagen: „Ja, sehr gerne, wann findet denn das Vorstellungsgespräch statt?" Und dann warten Sie die Antwort Ihres Gegenübers ab. Notieren Sie sich den genauen Tag mit Uhrzeit in Ihrem Terminkalender und wiederholen Sie noch einmal den vereinbarten Termin, um Missverständnissen vorzubeugen. Schließen Sie das Telefongespräch wie folgt ab: „Da weiß ich soweit Bescheid, Frau oder Herr Meier. Ich bedanke mich bei Ihnen für die Einladung. Einen schönen Tag noch. Auf Wiederhören."

Terminverschiebung

Sollten Sie an dem genannten Termin bereits verplant sein, können Sie sagen: „An diesem Tag bin ich leider verhindert. Wie sieht es bei Ihnen am Montag oder Donnerstag aus?" Und dann warten Sie die Antwort Ihres Gegenübers ab. Bietet man Ihnen einen neuen Terminvorschlag an, bedanken Sie sich für das Entgegenkommen und wünschen noch einen schönen Tag. Sie müssen aber darauf gefasst sein, dass das Unternehmen, bei dem Sie sich beworben haben, in der Zwischenzeit weitere Kandidatinnen und Kandidaten einlädt und womöglich den Geeigneten oder die Geeignete für die vakante Stelle gefunden hat, bevor Sie die Chance hatten, sich in einem persönlichen Gespräch vorzustellen.

Vorbereitung

Dem äußeren Erscheinungsbild kommt große Bedeutung zu. Es ist Teil unserer Körpersprache. Den ersten Eindruck von Ihnen als Person vermitteln Sie durch Ihr Äußeres, noch bevor Sie den ersten Satz mit jemandem gesprochen haben. So sollten Sie sich auf jeden Fall vor Ihrem Vorstellungsgespräch die Zähne putzen, um Mundgeruch vorzubeugen. Nehmen Sie keine Speisen und Getränke zu sich, die geruchsauslösend sind. Dazu gehören Tabakwaren, aber auch Alkohol, Knoblauch und Zwiebeln. Vorsichtshalber sollten Sie den Knoblauch auch am Tag zuvor schon weglassen. Um angenehm zu duften, empfehle ich Ihnen Rasierwasser, Deo oder Parfüm – aber in Maßen. Es gibt nichts Schlimmeres, als in einer Duftwolke Ihres Parfums zu sitzen, mag der Duft für Sie auch noch so betörend sein. Tragen Sie keine abgelaufenen Schuhe, halten Sie sich für Ihr Vorstellungsgespräch immer ein bestimmtes Paar Schuhe bereit. Ihre Fingernägel sollten nicht zu lang und vor allem sauber sein. Gute Kleidung gehört zu einer gepflegten Erscheinung. Sie sollte sauber, ordentlich, dem Beruf angepasst und nicht zu auffällig sein. Die Wahl der entsprechenden Kleidung ist zunächst von der Position im Unternehmen und der auszuübenden Tätigkeit abhängig. Im Geschäftsleben spricht man von der sogenannten Geschäftskleidung, auch Business Dresscode. Diese ist jedoch für Damen und Herren ganz unterschiedlich.

Verzichten Sie auf weiße oder helle Socken. Unbedingt sollte die Dame vermeiden, sich zu freizügig zu kleiden, zeigen Sie keinen zu großen Ausschnitt, einen kurzen Rock oder auffallenden Schmuck lassen Sie besser zu Hause. Und wenn Sie sich schminken, dann nicht zu stark. Ein dezentes Make-up wirkt ansprechender. Der Herr sollte nicht in kurzen Hosen, Jogginghose oder Sportkleidung zum Gespräch erscheinen. Auch Turnschuhe oder praktische Outdoor-Schuhe haben in einem Vorstellungsgespräch nichts verloren. Für einen Herrn ist Anzug mit Krawatte Pflicht, egal, ob es sich um ein Ausbildungs- oder Angestelltenverhältnis handelt.

Pünktlichkeit und Dauer

Ein altes Sprichwort besagt: „Fünf Minuten vor der Zeit, ist des Deutschen Pünktlichkeit." Und das gilt auch für das Vorstellungsgespräch. Besser ist es, wenn Sie bereits 15 Minuten vor dem Vorstellungsgespräch den Eingangsbereich des Unternehmens betreten. Sollten Sie auf öffentliche Verkehrsmittel angewiesen sein, nehmen Sie bitte einen Bus oder eine Bahn früher, um pünktlich am vereinbarten Ort zu erscheinen. Bei Unpünktlichkeit hat sich das Vorstellungsgespräch von selbst erledigt, denn ein Bewerber, der zu

Unpünktlichkeit neigt, bringt dem Unternehmen keinen Mehrwert. Planen Sie auch unvorhersehbare Ereignisse (Baustellen, Umleitungen, Verkehrsstaus etc.) ein, wenn Sie mit dem Auto anreisen. Die meisten Vorstellungsgespräche dauern ca. 20 Minuten.

Begrüßung und Verzögerung

Bei der Begrüßung stellen Sie sich mit Ihrem Vor- und Nachnamen an der Zentrale des Unternehmens vor. Betreten Sie den Eingangsbereich, grüßen Sie bitte als Erster/als Erste die Empfangsdame oder den Empfangsherrn. Stellen Sie sich bitte der Person wie folgt vor: „Guten Tag, mein Name ist Andre Schmitt. Ich bin zu einem Vorstellungsgespräch eingeladen worden. Können Sie mir bitte sagen, wo ich die Frau Meier oder den Herrn Meier finde?" Letzteres können Sie nur sagen, wenn Ihnen aus der Stellenanzeige eine Ansprechpartnerin oder ein Ansprechpartner bekannt ist, ansonsten warten Sie ganz einfach ab, was die Empfangsdame oder der Empfangsherr zu Ihnen sagt. An der Zentrale weiß man in der Regel darüber Bescheid, dass eine Bewerberin oder ein Bewerber zu einem Vorstellungsgespräch eingeladen worden ist. Als Geste bietet Ihnen das Unternehmen in den meisten Fällen für die Wartezeit eine Sitzmöglichkeit oder Getränke an.

Bedanken Sie sich für den angebotenen Platz. Darauf wird Wert gelegt. Die Auswahl eines Getränks sollten Sie auf keinen Fall ausschlagen, auch wenn Sie kein Durstgefühl verspüren. Es handelt sich hierbei um eine höfliche Geste des möglichen künftigen Arbeitgebers, die man nicht ausschlagen sollte. Ausgenommen davon sind natürlich alkoholische Getränke. Letzteres begegnet einem bei Vorstellungsgesprächen in der Regel nicht.

Es kann aber auch vorkommen, dass Sie von der Empfangsdame oder dem Empfangsherrn zu dem eigentlichen Raum, in dem das Vorstellungsgespräch stattfinden soll, begleitet werden und Sie bereits Platz nehmen können. Auf dem Tisch sehen Sie Getränke und Gläser stehen. Machen Sie bitte jetzt nicht den Fehler und bedienen sich, ohne dass es Ihnen zuvor angeboten wurde. Das gilt als unhöflich.

Manchmal kann es sein, dass sich das Vorstellungsgespräch unerwartet etwas verzögert und Sie länger warten müssen, als terminlich vorgesehen. Zeigen Sie sich verständnisvoll und entgegenkommend. Verzögerungen sind durchaus akzeptabel. Warten Sie auf jeden Fall die nächsten 20 Minuten erst einmal in Ruhe ab. Sind diese vorüber, fragen Sie ganz höflich an der Zentrale nach und sagen: „Können Sie ungefähr abschätzen, wie lange es noch dauern wird? Ich habe noch einen anderweitigen Termin, den ich unbedingt wahrnehmen muss." Und dann warten Sie die Reaktion Ihres Gegenübers ab. Sagt sie oder er zu Ihnen, dass es noch einen Moment dauert, nehmen Sie wieder Platz. Warten Sie nach zehn

Minuten immer noch, stehen Sie auf und gehen erneut auf die Empfangsdame oder den Empfangsherrn zu und bitten um einen anderen Vorstellungstermin. Dann können Sie zu Hause in Ruhe überlegen, ob Sie sich bei diesem Unternehmen wirklich weiter vorstellen möchten. Sie können den Termin im Nachhinein immer noch absagen. Solche Situationen sind aber eher selten. In den meisten Fällen findet das Vorstellungsgespräch um die vereinbarte Zeit oder nach einer kurzen Verzögerung von etwa 20 Minuten statt. In der Regel entschuldigt man sich bei Ihnen für diese Verzögerung. Reagieren Sie darauf freundlich und ausgeglichen, indem Sie sagen: „Das ist kein Problem." Wenn Sie zu dem vorgesehenen Raum, in dem das Vorstellungsgespräch stattfindet, begleitet werden und Sie den Raum betreten, grüßen Sie als Erster die Beteiligten. Sie sagen: „Guten Tag, mein Name ist Andre Schmitt." Sie reichen den Beteiligten nur dann die Hand, wenn diese Ihnen als Erste die Hand geben. Ansonsten verzichten Sie auf den Händedruck. Das ist jedoch eher selten der Fall. Achten Sie unbedingt darauf, dass Ihr Händedruck nicht zu stark oder gar zu schwach ausfällt. Nehmen Sie dabei Blickkontakt mit Ihrem Gegenüber auf. Darauf wird geachtet. Danach bekommen Sie angeboten, sich zu setzen. Vergessen Sie nicht, sich dafür zu bedanken. Nachdem Sie sich nun gesetzt und den Stuhl herangezogen haben, legen Sie Ihre Hände übereinander auf den Tisch. Wenn Sie Ihre Bewerbungsmappe mit Kugelschreiber dabeihaben, können Sie Ihre Hände darauf legen. So haben Sie die Möglichkeit, dass wenn Ihr Gegenüber etwas Organisatorisches zum weiteren Verlauf der zu besetzenden Stelle sagt, sich Notizen zu machen. Lehnen Sie sich mit Ihrem Oberkörper nach vorne, um Interesse zu bekunden. Vermeiden Sie während des Gesprächs unter anderem Gesten wie Achselzucken. Das stellt etwas infrage. Vor der Brust verschränkte Arme wirken ablehnend, manchmal sogar feindselig, hastige und unruhige Bewegungen wirken unsicher. Halten Sie angemessenen Blickkontakt mit Ihrem Gegenüber. Achten Sie bitte darauf, wenn Sie etwas erzählen, dass Sie vorrangig Ihren Gesprächspartner dabei ansehen und von Zeit zu Zeit aber auch die anderen Beteiligten in das Gespräch einbinden, indem Sie zu ihnen Blickkontakt suchen. Beziehen Sie sich auf angemessene Weise auf die Äußerungen Ihres Gegenübers. Bleiben Sie ruhig und gelassen, um ein offenes Gespräch zu erleichtern. Haben Sie eine Frage nicht richtig verstanden, fragen Sie bitte sofort nach, indem Sie sagen: „Können Sie bitte die Frage noch einmal wiederholen?" oder „Entschuldigung, wie bitte?"

Gesprächseinstieg

Der Gesprächseinstieg geht von Unternehmensseite aus. Manchmal kann es auch vorkommen, dass vor der Gesprächseröffnung auf einen weiteren Gesprächsteilnehmer gewartet wird. Das braucht Sie nicht weiter zu beunruhigen. Mitunter wird auch ohne diesen Gesprächsteilnehmer begonnen. Stößt dieser dann im Nachhinein zum Vorstellungsgespräch hinzu und möchte Sie begrüßen, stehen Sie bitte auf, reichen die Hand und sagen: „Guten Tag, mein Name ist

Andre Schmitt." Dann setzen Sie sich wieder auf Ihren eigentlichen Platz und warten, bis das Gespräch mit Ihnen weitergeführt wird. Machen Sie bitte nicht den Fehler und bleiben während der Begrüßung sitzen, das wirkt unhöflich.

Gängige Fragen

In der Regel laufen Vorstellungsgespräche in einem vorgegebenen Rahmen ab. Personalverantwortliche bedienen sich häufig eines Fragenkatalogs für das Auswahlverfahren. Bereiten Sie sich daher gründlich auf das Vorstellungsgespräch vor, denn es macht einen schlechten Eindruck, wenn Sie völlig unvorbereitet in das Gespräch gehen und keine Antworten auf entsprechende Fragen haben. Unter anderem wird langes Zögern, Ausweichen oder unbeantwortete Fragen von Ihrem Gegenüber schnell wahrgenommen. Achten Sie unbedingt bei der Beantwortung der Ihnen gestellten Fragen darauf, dass Sie bestimmte Wörter gleich zu Beginn aus Ihrem Wortschatz streichen. Dazu gehören Phrasen wie: „Ich denke ...", „Ich glaube ...", „Ich bin der Meinung ...", „Ähm ...", „Ich würde sagen ...", „Ganz gut ...", und Wörter wie: „relativ", „ziemlich", „eigentlich", „vielleicht" und „aber". Solche Wörter signalisieren wenig Selbstbewusstsein, sind teilweise negativ behaftet und lassen sogar Unsicherheit und mangelnde Entscheidungsfähigkeit durchscheinen.

Im Folgenden möchte ich Ihnen eine Zusammenstellung der häufig vorkommenden Fragen im Vorstellungsgespräch mit auf den Weg geben und wie Sie im Einzelnen darauf gezielt antworten können. Natürlich kann ich Ihnen nicht alle Fragen beantworten, manche Fragen müssen auf Ihre Person abgestimmt sein. Aber ich kann Ihnen eine Richtung aufzeigen, wie Sie in etwa antworten könnten.

Es kann durchaus vorkommen, dass Sie nicht immer alle Fragen gestellt bekommen. Deshalb muss sich der Auszubildende teilweise mit etwas anders gestellten Fragen auseinandersetzen als der Angestellte und umgekehrt. Aus Gründen der Übersichtlichkeit habe ich die häufig gestellten Fragen für beide Personengruppen in einem Punkt zusammengefasst. Zu diesen Fragen im Vorstellungsgespräch gehören unter anderem:

Was wissen Sie über unser Unternehmen?

Diese Frage beantworten Sie bitte, wenn möglich, mit folgenden inhaltlichen Punkten:

- Branche
- Firmenhistorie (Eckpunkte)
- Produktpalette/-programm
- Dienstleistungsangebot
- Evtl. Messebesuche/aktuelle Neuigkeiten des Unternehmens
- Kernkompetenzen
- Umsatz/Mitarbeiter

An dieser Stelle möchte ich Ihnen einige Möglichkeiten aufzeigen, die Ihnen bei der Beantwortung der vorab aufgeführten Punkte hilfreich sein können. Am besten ist es, wenn Sie zu Beginn mit einem kurzen Einleitungssatz über die Unternehmensbranche anfangen. Beginnen Sie den Satz damit, dass Sie die korrekte Firmenbezeichnung nennen. Die Beispielfirma ist z. B. ein Großhandel/Dienstleistungsunternehmen im Bereich ...

- Die Gründung des Unternehmens erfolgte ...
- Das Produktangebot oder das Portfolio umfasst unter anderem ...
- Zu dem Leistungsspektrum gehören zum Beispiel ...
- Das Unternehmen beschäftigt ...
- Abschließend möchte ich sagen, dass das Unternehmen ...

Haben Sie alles, was Sie über das Unternehmen wissen, erzählt, beenden Sie Ihre Ausführungen unbedingt mit einem Abschlusssatz, etwa wie folgt:

„Abschließend möchte ich sagen, dass das Unternehmen ...“

Erzählen Sie etwas über sich.
Beschreiben Sie Ihren bisherigen Werdegang.
Stellen Sie mir bitte Ihren Lebenslauf vor.
Wo sind Sie aktuell beschäftigt?

Nennen Sie an dieser Stelle die Eckpunkte in Ihrem Lebenslauf, die für Sie von Bedeutung sind. Ihren Lebenslauf mit den markanten Punkten sollten Sie in maximal zwei bis drei Minuten erzählt haben.

Haben Sie alle wichtigen Daten genannt, beenden Sie Ihre Ausführungen mit einem Abschlusssatz, wie etwa: „Das waren meine Ausführungen zu meiner Person."
Auf diese Weise signalisieren Sie, dass Sie fertig sind und übergeben das Wort an Ihr Gegenüber.

Warum haben Sie sich ausgerechnet bei uns beworben?
Warum sollten wir gerade Ihnen eine Stelle anbieten?
Warum wollen Sie gerade bei uns arbeiten?
Was interessiert Sie an uns?
Welcher Job interessiert Sie?
Fassen Sie doch mal zusammen, warum Sie der/die geeignete Kandidat(-in) für diese Stelle sind.

Eine geeignete Einstiegsmöglichkeit für Ihre Argumentation könnte wie folgt aussehen:

„Ich kann meine Kenntnisse und Fähigkeiten bei Ihnen einbringen.
Die Stellenanzeige entspricht meinen Berufszielen."

Stellen Sie im nächsten Schritt eine Überleitung zu den bereits absolvierten Abschlüssen oder momentanen Tätigkeiten her, sodass sich Ihre Argumentation flüssig und strukturiert anhört. Ein möglicher Gesprächseinstieg könnte wie folgt aussehen:

„Während meiner(s) Ausbildung/Praktika/Weiterbildung/Studiums ...
- ... eignete ich mir erstes Hintergrundwissen an.
- ... konnte ich weitere Kenntnisse erwerben.
- ... setzte ich mich im fachlichen Unterricht auseinander mit ...
- ... konnte ich Erfahrung erwerben.“

Haben Sie die vorherigen Formulierungen so eingesetzt und Ihre Argumentation neigt sich dem Ende, signalisieren Sie dies Ihrem Gegenüber mit folgendem Satz:
„Und ich kann mir durchaus vorstellen, als (Titel des Stellenangebots) zu arbeiten.“

Achten Sie bitte unbedingt darauf, dass Sie Ihre Stimme nach einem gesprochenen Satz langsam nach unten senken. Die zuvor genannten Sätze sind für Sie geeignete Textbausteine, die Sie während Ihres Vorstellungsgesprächs verwenden können. Im weiteren Verlauf meines Buches stelle ich Ihnen unterschiedliche Beispiele mit vollständig ausformulierten Argumentationen zur Verdeutlichung vor. Als Auszubildende oder Auszubildender müssen Sie mit einer Fragestellung rechnen, die wie folgt aussehen könnte.

Sie haben sich bei uns um eine Ausbildungsstelle als Industrie-kaufmann/Bürokaufmann ... beworben und haben mit Sicherheit auch noch andere Bewerbungen am Laufen. Wie würden Sie sich verhalten, wenn Sie von uns eine Zusage bekommen wür-den und gleichzeitig bei einem anderen Unternehmen anfangen könnten?

Eine falsche Antwort von Ihnen wäre nur zu sagen: „Ich möchte gerne bei Ihnen anfangen." Schnell entsteht der Eindruck, dass Sie diese Antwort auch bei einem anderen Unternehmen geben würden. Das ist wenig sinnvoll.

Ihre richtige Antwort sollte sein, dass Sie Ihrem Gegenüber begrün-den, warum Sie gerne eine Ausbildung in diesem Unternehmen ma-chen möchten. Die obige Frage „Wie würden Sie sich verhalten, wenn Sie von uns eine Zusage bekommen würden und gleichzeitig bei einem anderen Unternehmen anfangen könnten?" ist nichts ande-res, als wenn Ihnen Ihr Gegenüber die Frage gestellt hätte: „Warum haben Sie sich bei uns beworben?" Sie müssen lediglich diese Frage anhand von Praxisbeispielen aus Ihrem Schulalltag oder Ihren Prakti-ka belegen, mehr nicht.

Welche Gehaltsvorstellung haben Sie?

Wenn Sie sich um einen Ausbildungsplatz bewerben, bekommen Sie diese Frage sicherlich nicht gestellt. Hier verhält es sich so, dass Ausbildende dem Auszubildenden eine angemessene Vergütung zu gewähren haben. Sie ist nach dem Lebensalter des Auszubildenden so zu bemessen, dass sie mit fortschreitender Berufsausbildung, mindestens jährlich, ansteigt (§ 17 BBiG).
Bei einem Angestellten möchte aber das Unternehmen abschätzen, ob er in das Gefüge der Gehaltsvorstellung passt. Das Unternehmen will den Marktwert sehen. Nennen Sie Ihrer Gesprächspartnerin oder Ihrem Gesprächspartner ein festes Jahresbruttogehalt. Bei niedrigem Einstiegsgehalt ist eventuell am Ende der erfolgreichen Einarbeitung der Sprung etwas großzügiger bzw. neu verhandelbar.

Als Antwort können Sie sagen:
„Meine Gehaltsvorstellung liegt bei (Ihr realistischer Wunsch) p. a."

Häufig auftretende Probleme ergeben sich eventuell bei der Frage nach der Gehaltsvorstellung, wenn Sie sich in einer anderen Region oder einem anderen Bundesland bewerben, und Sie nicht genau einschätzen können, welche Gehaltsvorstellung Sie angeben können. Auf diese Frage sollten Sie im Vorstellungsgespräch dann antworten: „Meine Gehaltsvorstellung sollte sich im Rahmen des branchenüblichen Tarifvertrages bewegen." So geben Sie Ihrem Gegenüber die

Möglichkeit, Sie in das entsprechende Gehaltsgefüge einzugruppieren.

Was sind Ihre Schwächen und Stärken?

Bei dieser Frage handelt es sich um eine Fangfrage im Vorstellungsgespräch. An dieser Stelle sollten Sie keine Schwäche nennen, die auf Ihr analytisches Denken zurückzuführen ist. Nehmen wir an, Sie bewerben sich um einen Ausbildungsplatz als Industrie- oder Bürokaufmann und Sie werden nach Ihren Schwächen gefragt, dann beantworten Sie die Frage falsch, wenn Sie Ihrem Gegenüber antworten, dass Sie in irgendwelchen Unterrichtsfächern Schwächen haben. Das ist wenig sinnvoll.

Sprechen Sie bei der Frage nach den Stärken auch nicht über Stärken, die von vorneherein schon Voraussetzung für einen Verwaltungs- oder Büroberuf sind.

Sie antworten falsch, wenn Sie Stärken nennen wie: „Ich habe sehr gute EDV-Kenntnisse. Darüber hinaus bin ich sehr gut im Zehnfingerschreiben."

Die richtige Antwort zu Ihren Schwächen und Stärken sollte wie folgt aussehen:

„Als Schwäche sehe ich von mir an, dass ich mich bei komplexen Aufgaben zu ausgiebig hineinarbeite, aber sobald ich es merke, steuere ich dagegen."

„Zu meinen Stärken gehören Teamfähigkeit, strukturierte Arbeitsweise und Organisationsfähigkeit."

An dieser Stelle führen Sie im Vorstellungsgespräch Praxisbeispiele auf, bei denen Sie in der Schule oder in Ihrem derzeitigen Beruf Teamfähigkeit gezeigt haben oder Ihr Organisationstalent zum Tragen gekommen ist.

Eine mögliche Antwort könnte folgende sein:

„Im Rahmen meiner Schulausbildung bestand meine Aufgabe darin, innerhalb einer Projektgruppe eine Projektarbeit auszuarbeiten. Das Thema der Projektarbeit vergab die Schule XY und die Gruppe setzte sich mit dem Thema auseinander."

Wie sieht Ihre berufliche Entwicklung in fünf oder zehn Jahren aus?
Wo sehen Sie sich in fünf Jahren?
Was möchten Sie in drei oder vier Jahren erreicht haben?

Bei dieser Frage möchte man von Ihnen wissen, inwieweit Sie sich Gedanken über Ihre Zukunft gemacht haben.

Eine falsche Antwort wäre:

„Ich kann mir durchaus vorstellen, an einem anderen Standort in Ihrem Unternehmen zu arbeiten."

Diese Antwort könnte von Ihrem Gegenüber als Forderung angesehen werden und zu Ihren Ungunsten ausgelegt werden.

Stattdessen ist Ihre einzig richtige Antwort auf diese Frage:
„Ich sehe mich in verantwortlicher Stellung als (Berufsbezeichnung benennen), der seine persönlichen und fachlichen Qualifikationen erweitert hat."

Was zeichnet Sie durch andere Mitbewerber aus?

Diese Frage zielt darauf ab, wie Sie sich selbst darstellen. Machen Sie nicht den Fehler und bringen zum Ausdruck, dass Sie geeigneter als Ihre Mitbewerber sind. In den meisten Fällen kennen Sie Ihre Mitbewerber nicht. Diese Frage wird eher selten in einem Vorstellungsgespräch gestellt. Wird Sie Ihnen dennoch gestellt, antworten Sie bitte wie folgt:

„Ich kenne meine Mitbewerber nicht. Ich selbst zeichne mich durch eine besondere Einsatzbereitschaft und Teamfähigkeit aus."

In der Regel stellt Ihr Gegenüber zu der von Ihnen gegebenen Antwort keine weitere Frage mehr. Werden Nachfragen zu Ihrer Einsatzbereitschaft oder Teamfähigkeit gestellt, sollten Sie in der Lage sein, diese mit Praxisbeispielen zu belegen.

Welche Erwartungen haben Sie an Ihre Kollegen?
Wie sollten Ihre Kollegen für Sie sein?

Ihre richtige Antwort ist folgende:
„Meine Kollegen sollten teamfähig und hilfsbereit sein."

Welche Erwartungen haben Sie an Ihren Vorgesetzten?
Wie sollte Ihr Vorgesetzter für Sie sein?

Beachten Sie bitte bei dieser Frage, dass Ihr Vorgesetzter vor Ihnen sitzen könnte. Daher empfiehlt es sich, auf jeden Fall etwas Unverfängliches zu sagen, sodass Ihr Gegenüber nicht irgendwelche falschen Rückschlüsse aus Ihrer Antwort ziehen kann.

Daher ist die richtige Antwort für Sie:
„Mein Vorgesetzter sollte kompetent und objektiv sein."

Stellen Sie sich vor, Sie haben einen Konflikt mit einem Kunden oder einem Kollegen. Wie würden Sie sich verhalten?

Ihre richtige Antwort:
„Ich signalisiere Verhandlungsbereitschaft, zeige Verständnis und versuche einen Kompromiss auszuhandeln."

Was machen Sie, wenn das nicht ausreichen sollte?

Ihre richtige Antwort:
„Ich schalte, falls vorhanden, einen Streitschlichter ein. Ansonsten schildere ich den Vorgang meinem Vorgesetzten."

Warum möchten Sie Ihren derzeitigen Arbeitgeber verlassen?

Diese Frage sollten Sie nicht damit beantworten, indem Sie zum Ausdruck bringen, dass an Ihrer derzeitigen Stelle ein schlechtes Betriebsklima, schlechte Bezahlung oder Arbeitsbedingungen vorliegen. Nein! Vielmehr sollte Ihre Antwort darauf abzielen, was Sie an der ausgeschriebenen Stelle Ihres neuen Arbeitgebers interessiert. Sie beantworten also bei dieser Fragestellung indirekt die Frage: „Warum haben Sie sich bei uns beworben?" oder „Warum sind Sie die/der geeignete Kandidatin/Kandidat für diese Stelle?".

Haben Sie noch Fragen an uns?

Stellt man Ihnen am Ende des Vorstellungsgesprächs diese Frage, machen Sie bitte nicht den Fehler und sagen: „Nein, ich habe keine Fragen." Das wird vonseiten Ihres Gegenübers als mangelndes Interesse ausgelegt. Stellen Sie bitte nicht mehr als zwei Fragen. Auf keinen Fall sollten Sie Fragen nach Arbeitszeiten, Urlaubstagen oder Weiterbildungsmöglichkeiten stellen. So kann die Frage nach Weiterbildungsmöglichkeiten vonseiten Ihres Gegenübers als Forderung angesehen werden. Auch hier empfiehlt es sich, unverfängliche Fragen zu stellen.

Als Angestellter können Sie fragen:

- „Steht mir ein spezieller Ansprechpartner zur Verfügung?"
- „Gibt es ein Einarbeitungsprogramm?"

Ist aus einer Stellenanzeige, auf die Sie sich beworben haben, nicht ersichtlich, ob es sich um eine befristete oder unbefristete Stelle handelt, ist sicherlich am Ende des Vorstellungsgesprächs gegen eine Frage nach der Stellenbefristung nichts einzuwenden, vorausgesetzt, dass es nicht an irgendeiner Stelle im Vorstellungsgespräch erwähnt worden ist.

Als Auszubildender können Sie folgende Fragen stellen:

- „Wie viele Auszubildende hat Ihr Unternehmen?"
- „Wo findet die Ausbildung statt?"

Manchmal kann es auch vorkommen, dass man Ihnen Ihre Fragen, die Sie am Ende des Vorstellungsgesprächs noch gestellt hätten, bereits im Vorfeld beantwortet hat und Sie keine weiteren Fragen mehr haben. Machen Sie nicht den Fehler und überlegen sich irgendwelche Fragen, nur um etwas gefragt zu haben.

Stattdessen sagen Sie:
„Im Moment habe ich keine weiteren Fragen mehr. Sie haben mir meine Fragen bereits im Gespräch beantwortet."

Vergessen Sie bitte nicht, sich am Ende des Vorstellungsgesprächs noch einmal für die Einladung zu bedanken. Sie können je nach Situation sagen: „Da bedanke ich mich bei Ihnen für die Einladung." In den meisten Fällen bedankt man sich ebenfalls bei Ihnen für Ihre Teilnahme am Vorstellungsgespräch und verabschiedet sich bei Ihnen mit einem Handschlag. Achten Sie wie bei der Begrüßung darauf, dass Ihr Händedruck nicht zu stark oder gar zu schwach ausfällt. Nehmen Sie dabei Blickkontakt mit Ihrem Gegenüber auf. Darauf wird geachtet. Bei der Verabschiedung sagen Sie: „Auf Wiedersehen. Einen schönen Tag noch."

Beschäftigen Sie sich mit den gängigsten Fragen für das Vorstellungsgespräch. Prägen Sie sich die entsprechenden Antworten zu den oben aufgeführten Fragen ein. Achten Sie unbedingt darauf, dass die Antworten auf die von Ihnen erwarteten Fragen nicht wie auswendig gelernt bei Ihrem Gegenüber ankommen. Das merkt Ihr Gesprächspartner sofort.

Deshalb senken Sie nach jedem gesprochenen Satz Ihre Stimme, damit bei Ihrem Gegenüber nicht der Eindruck entsteht, dass Sie Ihre Antworten bzw. Argumentationen vorher auswendig gelernt haben. Gewöhnen Sie sich für das Vorstellungsgespräch bitte an, immer in ganzen Sätzen zu antworten und nicht mit einzelnen Wörtern oder Teilsätzen.

Zu Hause können Sie das Vorstellungsgespräch noch einmal reflektieren, indem Sie sich ein leeres Blatt und einen Stift zur Hand nehmen und sich folgende Fragen beantworten:

- Was lief aus meiner Sicht gut beim Vorstellungsgespräch?
- Was lief aus meiner Sicht schlecht?
- Was kann ich bei künftigen Vorstellungsgesprächen ändern und besser machen?

Zulässige und unzulässige Fragen

Sie sind zu einem Vorstellungsgespräch eingeladen worden und bekommen viele Fragen gestellt, von denen manche zulässig, andere hingegen unzulässig sind. Welche Fragen müssen Sie mit der Wahrheit beantworten, bei welchen können Sie flunkern?

Unzulässig sind Fragen, die in die vom Grundgesetz geschützte Menschenwürde (Art. 1 GG) oder das Persönlichkeitsrecht (Art. 2 GG) Ihrer Person eingreifen. Ihr Arbeitgeber hat kein Recht auf entsprechende Antworten. Eine arglistige Täuschung liegt nicht vor, wenn Sie solche Fragen falsch beantworten. Ihr Arbeitgeber kann Ihre Antwort nicht nach § 123 BGB anfechten.

Zulässig sind Fragen, die in konkreter Beziehung zum Arbeitsverhältnis stehen. Ihr Arbeitgeber hat ein berechtigtes Interesse an Informationen darüber, ob Sie sich für die ausgeschriebene Stelle eignen oder nicht. Beantworten Sie eine solch berechtigte Frage falsch, begehen Sie eine arglistige Täuschung nach § 123 BGB.

Fragen nach einer Schwangerschaft sind aufgrund von Geschlechterdiskriminierung nach § 1 AGG unzulässig, außer in Fällen, in denen eine Schwangerschaft die Berufsausübung direkt beeinträchtigt.

Fragen nach Vermögensverhältnissen (z. B. Schulden) müssen nur von solchen Bewerbern richtig beantwortet werden, deren Stellung finanzielle Unabhängigkeit voraussetzt, etwa Buchhalter oder Bankangestellte.

Auch hat es normalerweise einen Arbeitgeber nicht zu interessieren, ob und gegebenenfalls welcher Partei der Bewerber angehört. In der Regel muss also ein Bewerber diese Frage nicht beantworten. Hier liegt jedoch eine kleine Besonderheit vor: Wenn es um eine Arbeitsstelle bei einer politischen Partei geht, dann ist eine solche Frage zulässig und muss wahrheitsgemäß beantwortet werden. Bei einer politischen Partei handelt es sich um ein sogenanntes Tendenzunternehmen, das sehr wohl Interesse an der Parteizugehörigkeit seines künftigen Mitarbeiters/seiner künftigen Mitarbeiterin haben darf. Dies gilt entsprechend auch für andere Tendenzunternehmen (z. B. Religionsgemeinschaften).

Fahrtkosten

Bei der Frage, ob Fahrtkosten oder andere Kosten (z. B. Übernachtungs- oder Verpflegungskosten) bei einem Vorstellungsgespräch der Bewerberin oder dem Bewerber erstattet werden müssen, gibt es häufig unterschiedliche Auffassungen. Einige Unternehmen weisen in der Einladung darauf hin, dass sie keine Fahrtkosten oder andere Kosten, die in Verbindung mit dem Vorstellungsgespräch anfallen, erstatten. Doch wie ist die Rechtslage?

Die Einladung zu einem Vorstellungsgespräch ist ein Auftrag. Das besagt § 662 BGB. Nach § 670 BGB hat der Arbeitgeber die Aufwendungen hierfür zu ersetzen. Der Arbeitgeber kann diese Verpflichtung aber aufgrund der Vertragsfreiheit ausschließen. Dies muss er aber dem Bewerber bei der Aufforderung zum Vorstellungsgespräch im Vorfeld mitteilen.

Phasen eines Vorstellungsgesprächs

Fast jedes Vorstellungsgespräch kann man in **fünf Phasen** unterteilen.

Phase 1

Die Bewerberin oder der Bewerber wird mit den anwesenden Gesprächsteilnehmern bekannt gemacht und bekommt am Anfang häufig einleitende Fragen gestellt wie: „Sind Sie gut angekommen?" oder „Wie war Ihre Anfahrt?"

Phase 2

Die persönliche Situation besprechen. Sie bekommen verschiedene Fragen gestellt. Beispiel: „Befinden Sie sich derzeit in einem gekündigten oder ungekündigten Arbeitsverhältnis?" oder „Wie ist Ihr derzeitiges Schulbetriebspraktikum?"

Phase 3

Der Bildungsgang (Lebenslauf) der Bewerberin oder des Bewerbers wird besprochen.

Phase 4

Die berufliche Entwicklung steht im Vordergrund.

Phase 5

Mit der Bewerberin oder dem Bewerber werden allgemeine Informationen über das Unternehmen und die zukünftige Stelle einschließlich Zahlungsmodalitäten besprochen. Zuletzt folgt der Gesprächsabschluss, bei dem die weitere Vorgehensweise mitgeteilt wird. Sie bekommen in der Regel innerhalb von zwei Wochen Bescheid, wie sich das Unternehmen entschieden hat, aber im Gespräch selbst wird noch keine verbindliche Zusage getroffen.

Arten von Vorstellungsgesprächen

Es lassen sich unterschiedliche Formen von Vorstellungsgesprächen differenzieren: das freie oder standardisierte (strukturierte) Gespräch sowie Einzel-, Zweier- oder Gruppengespräche.

Das freie Gespräch ist dadurch gekennzeichnet, dass der Gesprächsinhalt und Gesprächsverlauf nicht vorgegeben sind. Ihr Gesprächspartner überlegt sich die Fragestellung zum Teil während des Gesprächs.

Standardisierte Vorstellungsgespräche, auch strukturierte genannt, laufen nach einem vorgegebenen Rahmen ab. Die Gesprächsvorbereitung, Gesprächsdurchführung und der Gesprächsabschluss ist festgelegt. Jeder Bewerberin und jedem Bewerber werden inhaltlich exakt die gleichen Fragen mithilfe eines Fragebogens gestellt.

Beim Einzelgespräch führt ein einziger Mitarbeiter des Unternehmens mit der Bewerberin oder dem Bewerber das Gespräch. Das kann der Personalleiter, der Geschäftsführer oder aber auch der jeweilige Abteilungsleiter aus dem zuständigen Fachgebiet sein.

Das Zweiergespräch wird von zwei Personen geführt, bei denen es sich oftmals um den Personalleiter und den Abteilungsleiter aus dem zuständigen Fachbereich, auf welches sich die Bewerberin oder der Bewerber beworben hat, handelt.

Das Gruppengespräch ist dadurch gekennzeichnet, dass mehrere Bewerber gleichzeitig (als Gruppe) zu einem Vorstellungsgespräch eingeladen werden.

Daneben gibt es noch Beratungs-/Stressgespräche, bei denen die Bewerberin oder der Bewerber durch provozierende Fragen unter Druck gesetzt, die arbeitsrechtlich jedoch unzulässig sind. Häufig erfolgen solche „Stresstests" auch im Rahmen eines Einstellungstests, um zu schauen, wie die Kandidatin/der Kandidat mit Stressbelastung umgeht.

Probearbeiten nach dem Vorstellungsgespräch

Gegen Ende des Vorstellungsgesprächs kann es sein, dass man Ihnen anbietet, auf Probe zu arbeiten. Sie sollten dieses Angebot nicht ausschlagen, sondern es annehmen. Das Probearbeiten bietet Ihnen unter anderem den Vorteil, dass Sie sich an Ihr zukünftiges Arbeitsumfeld gewöhnen können, Sie vorab mit den Kolleginnen und Kollegen etwas vertraut gemacht werden, einen Einblick in betriebliche Arbeitsabläufe bekommen und nach dem Probearbeiten überlegen können, ob Sie sich mit der ausgeschriebenen Stelle identifizieren können oder nicht. Für die Tage des Probearbeitens sollten Sie sich vorbereiten, indem Sie sich gut über die Unternehmensbranche mit den Eckpunkten der Firmenhistorie, der Produktpalette, dem Dienstleistungsangebot, Umsatz und den Mitarbeitern informieren, falls dies noch nicht für das Vorstellungsgespräch geschehen ist. Welche Kleidung ist für das Probearbeiten angemessen? Am Tag des Vorstellungsgesprächs konnten Sie sich sicherlich einen Eindruck von einigen Kolleginnen und Kollegen machen und dementsprechend sollten Sie sich auch kleiden. Werden Sie in dieser Zeit vergütet? In der Regel wird das Probearbeiten nicht vergütet, es sei denn, dass Sie vorher eine Vereinbarung getroffen haben. Beschäftigt man Sie jedoch über einen längeren Zeitraum (mehrere Wochen bis Monate), ist es ratsam, ein befristetes Probearbeitsverhältnis mit Vergütung zu vereinbaren. Da die meisten Arbeitgeber Sie nicht länger als drei Tage – höchstens eine Woche – auf Probe arbeiten lassen, ist diese Vereinbarung hinfällig.

Nachgespräch nach dem Probearbeiten

Nicht selten kommt es vor, wenn es nicht bereits schon nach dem letzten Probearbeitstag erfolgt ist, dass man mit Ihnen einen neuen Termin für ein Nachgespräch vereinbaren möchte. Im Vergleich zum Vorstellungsgespräch kann man sich auf das Nachgespräch nicht richtig vorbereiten, da der Inhalt des Gesprächs von Unternehmen zu Unternehmen unterschiedlich ablaufen kann. Daher kann man nicht genau sagen, was Bestandteil des Gesprächs sein kann. Sie sollten sich darauf einstellen, dass Sie Ihr Gegenüber unter anderem fragt, ob Sie sich vorstellen können, in der ausgeschriebenen Position zu arbeiten. Sollte dies der Fall sein, sagen Sie bitte nicht nur: „Ja", sondern begründen dies noch einmal in ein paar kurzen Sätzen, indem Sie Ihre Argumentation vom Vorstellungsgespräch aufgreifen und es dann dabei belassen. Ein weiterer Punkt, der eventuell angesprochen werden könnte, ist die Gehaltsvorstellung, obwohl diese Frage eigentlich vom Vorstellungsgespräch abgeklärt sein sollte. Im Nachgespräch selbst kann die Frage nach der Gehaltsvorstellung insofern angesprochen werden, wenn es um eventuelle Nuancen geht. Was darüber hinaus auch sein kann, ist, dass Ihr Gesprächspartner im Nachgespräch zum Ausdruck bringt, dass man Ihnen einen Arbeitsvertrag anbieten möchte und diesen Ihnen auch gleich vorlegt.

Arbeitsvertrag vor Ort unterschreiben: Auf gar keinen Fall! Nehmen Sie sich immer den Arbeitsvertrag mit nach Hause oder lassen Sie sich diesen per E-Mail zuschicken. Sagen Sie Ihrem Gesprächspartner: „Ich möchte mir gerne den Arbeitsvertrag nach Hause mitnehmen und ihn dort in Ruhe durchlesen und unterschreiben." Wird dies nicht akzeptiert, unterzeichnen Sie den Arbeitsvertrag nicht. Sie können davon ausgehen, dass an dieser Stelle mit Ihrem Arbeitsvertrag etwas nicht in Ordnung ist. So schwer diese Entscheidung auch für Sie sein mag, stehen Sie auf und verlassen Sie das Unternehmen.

Ich wurde einmal zu einem Nachgespräch nach dem Probearbeiten eingeladen, bei dem mir ein Arbeitsvertrag angeboten wurde. Gegen Ende des Gesprächs wurde mit mir ein Termin vereinbart, um den Arbeitsvertrag vor Ort zu unterzeichnen. Die ausgeschriebene Stelle, auf die ich mich beworben hatte, war unbefristet. Am vereinbarten Termin lag mir der Arbeitsvertrag vor. Als ich das erste Wort des Arbeitsvertrags las, stellte ich fest, dass es sich anstatt eines unbefristeten Arbeitsvertrags um einen befristeten handelte. Zunächst dachte ich mir nichts dabei, doch als ich den Geschäftsführer darauf ansprach, meinte dieser zu mir, dass es sich um eine Befristung handele, die ein halbes Jahr dauern solle. Er fragte mich, ob ich ein Problem damit hätte. Ich erkundigte mich, ob ich mir den Arbeitsvertrag mit nach Hause nehmen dürfte, um ihn mir dort in Ruhe durchzulesen. Er antwortete: „Wir geben keine Arbeitsverträge mit nach Hause. Sie können eine Niederschrift vom Arbeitsvertrag mit nach Hause nehmen, wenn Sie ihn unterschrieben haben." Diese Aussage war für mich die Entscheidung, den Arbeitsvertrag nicht zu unterzeichnen. Ich stand auf und sagte zu ihm, dass ich diesen Vertrag nicht unterschreiben würde, und verließ das Unternehmen. Diese Entscheidung bereue ich bis zum heutigen Tage nicht. Warum habe ich Ihnen diese

Situation beschrieben? Sie können in 90 Prozent der Fälle davon ausgehen, dass wenn Ihnen Ihr Arbeitsvertrag vorher nicht nach Hause mitgegeben, zugeschickt oder per E-Mail zugesendet wird, damit etwas nicht in Ordnung ist. Unterzeichnen Sie niemals einen Arbeitsvertrag vor Ort.

Vor Abgabe des Arbeitsvertrags unbedingt eine Kopie machen: Anders verhält sich die Situation, wenn Sie sich den Arbeitsvertrag vor Ort abholen können, der Arbeitgeber den Arbeitsvertrag Ihnen postalisch zuschickt oder diesen per E-Mail zusendet. Auf diese Weise haben Sie die Möglichkeit, sich den Arbeitsvertrag zu Hause durchzulesen und auf unwirksame Klauseln zu prüfen. Sind Sie sicher, dass Ihr Arbeitsvertrag einwandfrei formuliert ist, und Sie entschließen sich dazu, diesen zu unterzeichnen, machen Sie sich bitte vor Abgabe unbedingt eine Kopie von Ihrem unterzeichneten Arbeitsvertrag. Manchmal kann es vorkommen, dass Sie Ihren Arbeitsvertrag nicht sofort von Ihrem Arbeitgeber unterschrieben zurückbekommen. Sollten im Nachhinein zusätzliche Textpassagen in Ihren unterschriebenen Arbeitsvertrag eingefügt worden sein, so können Sie dies durch einen Abgleich mit Ihrer Kopie leicht feststellen.

Checkliste zum Vorstellungsgespräch

Die zulässigen und unzulässigen Fragen für das Vorstellungsgespräch sind in der folgenden Tabelle noch einmal zusammengestellt:

Zulässige Fragen	Unzulässige Fragen
Alle Fragen, die in einer konkreten Beziehung mit dem angestrebten Arbeitsverhältnis stehen wie beruflicher Werdegang, Prüfungsnoten oder allgemeine persönliche Verhältnisse.	Alle Fragen, die auf den rein persönlichen Bereich des Bewerbers abzielen wie private Gewohnheiten oder Pläne (z. B. Antibabypille, geplante Heirat).
Lüge	**Notlüge**
Anfechtung des Ausbildungs- oder Arbeitsverhältnisses	Keine Anfechtung des Ausbildungs- oder Arbeitsverhältnisses

Problemfragen (in der Regel unzulässig!)

- Gewerkschaftszugehörigkeit
- Religionszugehörigkeit (Ausnahme: kirchlich organisierte Einheit)
- Parteizugehörigkeit
- Vermögensverhältnisse (z. B. Schulden)
- Vorstrafen
- Frühere Pfändungen

Die Berufsausbildung

Praktika

Im kommenden Jahr haben Sie Ihre Schulausbildung abgeschlossen. Ihre Entscheidung steht fest, dass Sie eine Berufsausbildung machen möchten. Vielleicht haben Sie keine so rechte Vorstellung davon, in welchem Bereich Sie eine Ausbildung anstreben sollten. Möchten Sie in einem Industrie- oder Handelsunternehmen arbeiten? Dann sind Praktika genau die richtige Entscheidung! Durch Praktika können Sie gleichzeitig wichtige Erfahrungen für Ihren zukünftigen Wunschberuf erwerben und gegebenenfalls auch Kontakte zu dem Unternehmen für eine spätere Lehrstellenbewerbung knüpfen. Nutzen Sie auf jeden Fall Ihre Ferien dazu, Praktika zu absolvieren. Fragen Sie aber rechtzeitig bei dem jeweiligen Unternehmen an, denn erfahrungsgemäß sind andere Interessenten ebenfalls auf der Suche. So haben Sie den Vorteil, wenn Sie sich auf eine Ausbildungsstelle bewerben, Sie in Ihrem Lebenslauf Praktika angeben können. Allerdings sollte das Praktikum zu Ihrem zukünftigen Wunschberuf passen. Denn was nützt Ihnen ein Praktikum im Pflegebereich, wenn Sie als Wunschberuf Industriekaufmann oder Sozialversicherungsangestellter anstreben? Im Vorstellungsgespräch um eine Ausbildungsstelle können Sie dann Ihre absolvierten Praktika zur Sprache bringen, wenn Sie von Ihrem Gesprächspartner gefragt werden: „Warum haben Sie sich bei uns beworben?" Ein Praktikum, das Sie zum Beispiel vor zehn Jahren in einem Unternehmen absolviert haben, brauchen Sie nicht mehr explizit in Ihrem Lebenslauf aufführen, es sei denn, dass Sie durch dieses Praktikum eine Lücke in Ihrem Lebenslauf geschlossen haben. Dann sollten Sie das Praktikum nennen. Achten Sie unbedingt darauf, dass man Ihnen nach Ablauf der Praktikumszeit ein Zeugnis oder einen Nachweis ausstellt.

Rechte und Pflichten der Vertragsparteien

Die Rechte des Auszubildenden sind gleichzeitig die Pflichten der Ausbilderin/des Ausbilders, die Pflichten des Auszubildenden entsprechend die Rechte der Ausbilderin/des Ausbilders. Als Rechtsgrundlage kommt hierbei das Berufsbildungsgesetz, kurz BBiG, in Betracht, was unter anderem die Berufsausbildung und Berufsausbildungsvorbereitung regelt. Bei Jugendlichen, die das 18. Lebensjahr noch nicht vollendet haben, findet das Jugendarbeitsschutzgesetz (JArbSchG) zusätzlich Anwendung. Im Folgenden gebe ich Ihnen eine kurze Übersicht über die wesentlichen Rechte und Pflichten eines Auszubildenden.

Rechte des Auszubildenden (= Pflichten des Ausbildenden)	Pflichten des Auszubildenden (= Rechte des Ausbildenden)
Dazu gehören insbesondere • dem Auszubildenden und dessen gesetzlichen Vertretern eine Niederschrift des Berufsausbildungsvertrages auszuhändigen (§ 11 (3) BBiG), • dem Auszubildenden die zum Erreichen des Ausbildungszieles vorgeschriebenen Fertigkeiten und Kenntnisse zu vermitteln (§ 14 (1) Nr. 1 BBiG), • selbst auszubilden oder einen Ausbilder oder eine Ausbilderin ausdrücklich damit zu beauftragen (§ 14 (1) Nr. 2 BBiG), • dem Auszubildenden die zur Berufsausbildung und zum Ablegen von Zwischen- und Abschlussprüfungen erforderlichen Ausbildungsmittel kostenlos zur Verfügung zu stellen (§ 14 (1) Nr. 3 BBiG), • den Auszubildenden zum Besuch der Berufsschule sowie zum Führen von schriftlichen Ausbildungsnachweisen anzuhalten (§ 14 (1) Nr. 4 BBiG), • den Auszubildenden charakterlich zu fördern und sittlich und körperlich nicht zu gefährden (§ 14 (1) Nr. 5 BBiG), • dem Auszubildenden nur Verrichtungen zu übertragen, die dem Ausbildungszweck dienen und seinen körperlichen Kräften angemessen sind (§ 14 (2) BBiG), • den Auszubildenden für die Teilnahme am Berufsschulunterricht und an Prüfungen sowie an Ausbildungsmaßnahmen außerhalb der Ausbildungsstätte freizustellen (§ 15 BBiG), • dem Auszubildenden bei Beendigung des Ausbildungsverhältnisses ein schriftliches Zeugnis auszustellen (§ 16 (1) BBiG), • dem Auszubildenden eine angemessene Vergütung zu gewähren (§§ 17 bis 19 BBiG).	Dazu gehören insbesondere • sich zu bemühen, die berufliche Handlungsfähigkeit zu erwerben, die zum Erreichen des Ausbildungszieles erforderlich ist (§ 13 S. 1 BBiG), • die Ihnen im Rahmen ihrer Berufsausbildung aufgetragenen Aufgaben sorgfältig auszuführen (§ 13 Nr. 1 BBiG), • regelmäßig am Berufsschulunterricht sowie an Ausbildungsmaßnahmen außerhalb der Ausbildungsstätte teilzunehmen (§ 13 Nr. 2 BBiG), • die im Rahmen der Berufsausbildung erteilten Weisungen zu befolgen (§ 13 Nr. 3 BBiG), • die für die Ausbildungsstätte geltende Ordnung zu beachten (§ 13 Nr. 4 BBiG), • die Werkzeuge, Maschinen und sonstige Einrichtungen pfleglich zu behandeln (§ 13 Nr. 5 BBiG), • über Betriebs- und Geschäftsgeheimnisse Stillschweigen zu wahren (§ 13 Nr. 6 BBiG), einen schriftlichen Ausbildungsnachweis zu führen (siehe einschlägige Ausbildungsverordnung).

Quelle: Prüfungsbücher für kaufmännische Ausbildungsberufe
Ickstadt | Scharmann: Die Prüfung zum Verwaltungsfachangestellten, 14., aktualisierte Auflage 2010, Verlag: Kiehl, ISBN 978-3-470-54114-3

Der Berufsausbildungsvertrag

Im Folgenden gebe ich Ihnen eine kurze Übersicht zum Berufsausbildungsvertrag.

Berufsausbildungsvertrag

Form
schriftlich erst vor Beginn der Ausbildung,
§ 10 (1) i. V. m. § 11 (1) BBiG

Inhalt
In § 11 (1) S. 2 Nr. 1–9 BBiG werden die wesentlichen Inhalte des Ausbildungsvertrages geregelt. In die Niederschrift sind aufzunehmen: Ausbildende haben unverzüglich nach Abschluss des Berufsausbildungsvertrages, spätestens vor Beginn der Berufsausbildung, den wesentlichen Inhalt des Vertrages gemäß Satz 2 schriftlich niederzulegen; die elektronische Form ist ausgeschlossen. In die Niederschrift sind mindestens aufzunehmen:

- Art, sachliche und zeitliche Gliederung sowie Ziel der Berufsausbildung, insbesondere die Berufstätigkeit, für die ausgebildet werden soll,
- Beginn und Dauer der Berufsausbildung,
- Ausbildungsmaßnahmen außerhalb der Ausbildungsstätte,
- Dauer der regelmäßigen täglichen Ausbildungszeit,
- Dauer der Probezeit,
- Zahlung und Höhe der Vergütung,
- Dauer des Urlaubs,

Voraussetzungen, unter denen der Berufsausbildungsvertrag gekündigt werden kann, ist ein in allgemeiner Form gehaltener Hinweis auf die Tarifverträge, Betriebs- oder Dienstvereinbarungen, die auf das Berufsausbildungsverhältnis anzuwenden sind.

Eintrag
ins Verzeichnis der Berufsausbildungsverhältnisse, § 34 BBiG
< 18 Jahre: JArbSchG findet Anwendung:

Beginn der Ausbildung	Probezeit	Dauer laut Ausbildungs- ordnung	Ende der Ausbildung
z. B. 1.8.,1.9., 1.10.	1 bis 4 Monate, § 20 BBiG		Bestehen der Abschlussprüfung, § 21 (2) BBiG

Probezeit:

↓

kein Kündigungsschutz, § 22 (1) BBiG

↓

- grundlos
- beidseitig,
- fristlos kündbar

Dauer laut Ausbildungsordnung / Ende der Ausbildung:

↓

Kündigungsschutz

↓

Kündigung nur möglich, wenn

- wichtiger Grund vorliegt (fristlos), § 22 (2) Nr. 1 BBiG
- Berufsausbildung aufgegeben wird (Frist: 4 Wochen), § 22 (2) Nr. 2 BBiG
- andere Berufsausbildung (Frist: 4 Wochen), § 22 (2) Nr. 2 BBiG

Eignungstest

Der Eignungstest, auch Einstellungstest oder Auswahltest genannt, ist ein Verfahren zur Personalauswahl, um zu sehen, welche Fähigkeiten, Fertigkeiten und Kenntnisse Sie für Ihre Ausbildung mitbringen. Schließlich sollen Sie in Ihrem zukünftigen erlernten Ausbildungsberuf fachliche Anforderungen bewältigen.

Dabei laufen die Eignungstests von Unternehmen zu Unternehmen unterschiedlich ab. Am häufigsten wird Ihr Schulwissen überprüft. Einige Unternehmen führen mit Ihren Bewerberinnen und Bewerbern Fähigkeitstests durch, bei denen Ihre Aufmerksamkeit, Konzentration, Intelligenz sowie spezielle Begabungen festgestellt werden. Rechenaufgaben, Schreibübungen, Fragen zum Allgemeinwissen und berufsspezifische Fragen können ebenfalls im Vordergrund stehen. So sollten Sie in der Lage sein, in einem möglichen Kurzreferat Ihren bisherigen Lebenslauf oder Ihr Berufsbild auf Englisch vorzutragen oder schriftlich auszuformulieren. Auch Fragen zum aktuellen Tagesgeschehen können hierbei vorkommen, indem man Sie auffordert, zusammenzufassen, was in den letzten zwei bis drei Wochen in den Nachrichten berichtet wurde. Persönlichkeitstests, bei denen Ihre Interessen, Werte, Neigungen, bestimmte Verhaltensmuster sowie persönliche Eigenschaften festgestellt werden, sind ebenfalls denkbar.

Assessment-Center

Manchmal wird zur Auswahl von geeigneten Auszubildenden ein Assessment-Center (AC) als Personalauswahlverfahren eingesetzt, um insbesondere die Fach-, Sozial- und Methodenkompetenz der Bewerber festzustellen. Der Begriff „Assessment-Center" stammt aus dem Englischen. Unter einem Assessment-Center versteht man ein Personalauswahlinstrument/
Personalpotenzialanalyseinstrument, bei dem

- mehrere Beobachter (Assessoren)
- mehrere Bewerber
- über einen längeren Zeitraum (mehrere Stunden bis mehrere Tage)
- unter Einsatz mehrerer Methoden (AC-Bausteine)

beurteilen.

Ein Assessment-Center kann wie folgt ablaufen (AC-Bausteine):

Postkorbübung

Bei der Postkorbübung erhält die Bewerberin oder der Bewerber einen Postkorb mit Dokumenten, die innerhalb eines vorgegebenen Zeitrahmens abzuarbeiten sind. Sie müssen entscheiden, welche Aufgaben sofort erledigt werden müssen und welche zunächst unberücksichtigt bleiben. Häufig schafft man in der vorgegebenen Zeitspanne nicht alle abzuarbeitenden Dokumente, sodass man sehr schnell unter Zeitdruck geraten kann. Mit dieser Übung sollen Ihre Stressresistenz, Konzentrations- und Entscheidungsfähigkeit, das analytische Denken sowie Ihre Arbeitsorganisation getestet werden. Im Anschluss an die Postkorbübung kann es sein, dass die Beobachter

(Assessoren) ein strukturiertes Interview mit Ihnen führen, um zu sehen, wie Sie als Bewerberin oder Bewerber mit Kritik umgehen können.

Interview

Häufig werden für die Fachkompetenz Interviews geführt, um zu sehen,

welche Kompetenzen die Bewerberin oder der Bewerber für die Ausbildung mitbringt. Für das Interview werden unterschiedliche Interviewformen eingesetzt:

Das offene Interview ist dadurch gekennzeichnet, dass es wie ein freies Gespräch wirkt. Lediglich die Themenschwerpunkte sind festgelegt, die Frageformulierungen können frei gewählt werden. Diese Form wird eingesetzt, um Hintergründe, Neuigkeiten und Zusammenhänge in Erfahrung zu bringen. Davon zu unterscheiden ist das halb strukturierte Interview, bei dem die Reihenfolge und der Wortlaut vorgegeben werden und nur an vorher festgelegten Stellen Ausdehnung und Alternativen zugelassen werden.

Das strukturierte Interview legt Reihenfolge und Formulierung aller Fragen exakt fest. Abweichungen müssen unterbleiben und die Antworten im Wortlaut aufgenommen werden. Diese Form des Interviews ist die häufig vorkommende Variante im Assessment-Center.

Gruppendiskussionen

Für die Sozialkompetenz werden in fast jedem Assessment-Center Gruppendiskussionen durchgeführt. Unter Sozialkompetenz versteht man die Fähigkeit, mit anderen in unterschiedlichen Konstellationen zusammenarbeiten zu können. Die Beobachter (Assessoren) können auf diese Weise feststellen, wie Sie sich in einer Gruppe verhalten, und erkennen, ob Sie die einzelnen Teilnehmerinnen und Teilnehmer ausreden oder zu Wort kommen lassen und über das notwendige Empathievermögen verfügen. Empathie bedeutet, dass Sie in der Lage sind, sich in das Denken, Handeln und Fühlen einer anderen Person hineinzuversetzen. Bei der Gruppendiskussion geht es darum, seinen eigenen Standpunkt mit überzeugenden Argumenten zu vertreten, sich an der Lösung des Problems zu beteiligen und innerhalb der Gruppe einen Kompromiss zu finden. Nur die eigenen Ideen oder Meinungen durchzusetzen und dabei den Standpunkt anderer zu vernachlässigen oder nicht zu akzeptieren, wird von den Beobachtern wahrgenommen und negativ ausgelegt.

Präsentationsübung

Für die Methodenkompetenz wird häufig auf die Präsentationsübung zurückgegriffen. Unter Methodenkompetenz versteht man die Fähigkeit zu Problemlösungen unter sich ändernden Rahmenbedingungen. Die Beobachter können mit dieser Übung feststellen, wie Sie sich mit einem Thema auseinandersetzen und ob Sie in der Lage sind, mögliche Problemlösungen herbeizuführen. Beschränken Sie sich auf die wichtigsten Argumente zu Ihrem Thema, da Sie nur begrenzt Zeit haben. Behalten Sie die von den Beobachtern (Assessoren) vorgegebene Zeit genau im Auge, damit Ihre Präsentation nicht abgebrochen werden muss. Stellen Sie sich auf Zwischenfragen vonseiten der Beobachter ein. Auf diese Weise werden Sie getestet, ob Sie sich durch Zwischenfragen aus der Ruhe bringen lassen und dadurch vielleicht den roten Faden verlieren. Beenden Sie Ihre Präsentation mit einem Satz wie: „Vielen Dank für Ihre Aufmerksamkeit". So signalisieren Sie den Beobachtern, dass Sie am Ende Ihrer Präsentation angelangt sind.

Rollenspiele

Mit Rollenspielen soll eine praxisnahe Situation im Arbeitsalltag dargestellt werden. Dabei kann das Gespräch auf unterschiedlichen Hierarchieebenen geführt werden. Es ist möglich, dass Sie im Rollenspiel die Position eines Vorgesetzten einnehmen und mit Ihrem Mitarbeiter ein Gespräch führen müssen. Die zweite Möglichkeit könnte darin bestehen, dass Sie als Mitarbeiter versuchen müssen, ein Gespräch mit einer Kollegin oder einem Kollegen zu führen, bei dem Sie eine andere Meinung vertreten und Sie sich auf einen Kompromiss einigen müssen. Neben dieser beschriebenen Situation könnte es aber auch sein, dass Sie als Mitarbeiter einen Konflikt mit einem Kunden haben und diesen lösungsorientiert und einvernehmlich bewältigen müssen. Mit dem Rollenspiel testen die Beobachter (Assessoren), ob Sie Ihrem Gegenüber zuhören, ihn ausreden lassen, empathisch sind, sich also in das Denken, Handeln und Fühlen Ihres Gesprächspartners hineinversetzen können, in Konfliktsituationen freundlich und objektiv wirken und versuchen, sich im Gespräch auf einen Kompromiss zu einigen.

Ausstattung Assessment-Center

Wenn Sie in ein Assessment-Center eingeladen werden, sollten Sie unbedingt mit Ihren Bewerbungsunterlagen, eigenen Karteikarten, Ihrem eigenen Textmarker und mit Klebezetteln (Post-it) ausgestattet sein. Gute Kleidung gehört zu einer gepflegten Erscheinung. Empfehlenswert ist es, sich wie für ein Vorstellungsgespräch zu kleiden.

Ihr eigenes Getränk

Werden Ihnen vor Ort Getränke angeboten, lassen Sie Ihr Getränk natürlich in der Tasche.

Ihre Armbanduhr

Es kann durchaus möglich sein, dass vor Ort die Uhren abgehängt sind und Sie selber die Zeit im Auge behalten müssen, wenn Sie eine Gruppendiskussion durchführen. Aus diesem Grund sollten Sie eine Armbanduhr tragen.

Es ist auch ratsam, sich über das aktuelle Tagesgeschehen zu informieren, da danach gefragt werden könnte.

Verhalten während der Ausbildung

Der Einstieg ins Berufsleben bedeutet für einige Schülerinnen und Schüler eine große Umstellung. Ein neuer Lebensabschnitt beginnt. Plötzlich sind ganz andere Umgangsformen gefragt als im Schulalltag. Wie verhalte ich mich gegenüber Vorgesetzten und Kollegen richtig? Sollten Sie Kollegen, die in etwa Ihr Alter haben oder älter sind, mit „Du" oder „Sie" anreden? Das hängt in erster Linie von der Hierarchieebene Ihres Gegenübers ab. Vorgesetzte sollten Sie immer siezen, es sei denn, der Vorgesetzte bietet Ihnen das Du an. Manchmal kann es auch sein, dass ein Vorgesetzter zuerst „Sie" zu Ihnen sagt und später, ohne Sie zu fragen, zum Du wechselt. Das sollte Sie nicht weiter irritieren. Bleiben Sie weiterhin beim Sie, es sei denn, der Vorgesetzte möchte fortan mit Du von Ihnen angesprochen werden. Grüßen Sie Vorgesetzte mit einem freundlichen „Guten Morgen" oder „Guten Tag". Manchmal gibt es auch Vorgesetzte, die davon abweichen und Sie mit „Hallo" grüßen. Dann können Sie es gleichtun, aber unbedingt weiter beim Sie bleiben. Wenn Sie Mittag machen, melden Sie sich ordnungsgemäß bei Ihrer Ausbilderin oder Ihrem Ausbilder bzw. bei Kollegen in der jeweiligen Abteilung ab, damit diese im Bilde sind. Kommen Sie dann von Ihrer Mittagspause zurück, begrüßen Sie Ihre Kollegen mit einem Hallo und machen gegebenenfalls mit Ihrem Arbeitsauftrag weiter. Manchmal kann es auch sein, dass Ihre Kollegen oder Vorgesetzten in der jeweiligen Abteilung keine Arbeit für Sie haben. Da sollten Sie nicht tatenlos in der Ecke sitzen und Däumchen drehen. Das wird von Ihren Kolleginnen und Kollegen registriert und wirft kein positives Bild auf Sie. Stattdessen fragen Sie lieber Kolleginnen und Kollegen aus anderen Fachbereichen, ob Sie ihnen behilflich sein können. Haben diese ebenfalls keine Aufgaben für Sie, können Sie Ihre Ausbilderin oder Ihren Ausbilder fragen, ob Sie ihr/ihm zur Seite stehen können. Alternativ können Sie auch in der Abteilung, die Sie gerade durchlaufen, fragen, ob Sie sich mit Ihrem Lernstoff aus der Berufsschule auseinandersetzen dürfen, bis wieder neue Aufgaben für Sie anfallen.

An Ihrem ersten Tag stellen Sie sich Vorgesetzten und Kollegen mit Ihrem vollständigen Namen vor, indem Sie sagen: „Guten

Morgen/Tag, mein Name ist Andre Schmitt, der neue Auszubildende."
Reicht Ihnen ein Vorgesetzter oder Kollege die Hand, begrüßen Sie
ihn ebenfalls mit Handschlag. Achten Sie auf einen festen
Händedruck. Dieser sollte nicht zu lasch und nicht zu kräftig
ausfallen. Bedenken Sie, dass Sie beim Händedruck Blickkontakt zu
Ihrem Gegenüber aufbauen, unabhängig davon, ob ein Kollege oder
Vorgesetzter vor Ihnen steht. Manchmal hat man als Auszubildende
oder Auszubildender das Problem, dass man nicht genau weiß, wie
man andere Kollegen einschätzen soll. Sie sind sich nicht sicher, ob
Sie diese mit „Sie" oder „Du" anreden sollen. Achten Sie darauf, wie
diese Kollegen Sie ansprechen. Sagen Sie Du oder Sie zu Ihnen,
können Sie es ihnen gleichtun. Im Zweifelsfall sagen Sie
vorsichtshalber lieber Sie oder fragen, ob Sie Du sagen dürfen.
Kommen Sie morgens in das Unternehmen oder die Behörde, grüßen
Sie immer zuerst als Ankommender die Anwesenden. Betreten Sie
einen Raum, in dem Ihre Kollegen oder Vorgesetzten bereits sitzen,
grüßen Sie als Erster.

Auch Ihrem äußeren Erscheinungsbild sollten Sie als Auszubildende
oder Auszubildender eine Bedeutung beimessen. Es gehört zum Teil
der Körpersprache. Sie sollten nicht nur am ersten Tag auf Ihr
äußeres Erscheinungsbild achten, sondern auch für die weitere
Ausbildungszeit und darüber hinaus. Ihre Vorgesetzten und Kollegen
gewinnen Eindrücke über Sie als Person, noch bevor Sie den ersten
Satz miteinander gesprochen haben. Sie sollten unbedingt darauf
achten, dass Ihre Zähne morgens geputzt sind, um Mundgeruch

vorzubeugen. Das hört sich vielleicht banal an, ist es aber nicht. Achten Sie auf ein dezentes Parfüm. Tragen Sie keine abgelaufenen Schuhe. Ihre Fingernägel sollten nicht zu lang und vor allem sauber sein, auch Ihre Haare sollten gepflegt sein. In den meisten Unternehmen oder Behörden wird morgens eine Frühstückspause in der jeweiligen Abteilung eingelegt, an der die Kollegen und womöglich auch Vorgesetzten teilnehmen. Bekanntlich wird sich in den Frühstückspausen mit seinen Kollegen und Vorgesetzten unterhalten. Dabei werden unterschiedliche Gesprächsthemen angesprochen.

Frühstückspause

Einige erzählen ihre Erlebnisse vom Wochenende, andere berichten von ihrem Urlaub. Hier haben Sie die Möglichkeit, sich in das Gespräch einzubringen, indem Sie das Erzählte der anderen Person aufgreifen und gezielt eine oder mehrere Fragen stellen. Nehmen wir an, ein Kollege aus der Abteilung, die Sie gerade im Rahmen Ihrer Ausbildung durchlaufen, erzählt von seinem Urlaub. Dann haben Sie die Möglichkeit, sich in das Gespräch einzubringen, indem Sie fragen, wie das Wetter in seinem Urlaub war oder was man an dem Urlaubsort besichtigen kann. Die beste Möglichkeit, sich in das Gespräch einzubringen, ist immer eine Frage zu dem vorher Gesagten zu stellen. Damit nehmen Sie aktiv am Geschehen teil und erweisen sich als kommunikativ. Somit kann nicht der Eindruck entstehen, dass Sie kein Interesse an einem Gespräch haben. Äußerste Vorsicht ist allerdings bei kontroversen Gesprächsthemen geboten, bei denen man schnell anderer Meinung sein kann wie seine übrigen Kollegen. Dazu gehören insbesondere politische Themen oder wenn über eine(n) abwesende(n) Kollegin/Kollegen gelästert wird. Hier sollten Sie sich auf jeden Fall äußerst bedeckt halten, auch wenn Sie die gleiche Meinung vertreten wie Ihre Kolleginnen und Kollegen. Bedenken Sie immer: „Lehrlingsjahre sind keine Herrenjahre." Lassen Sie sich von keinem Kollegen und Vorgesetzten zu irgendeiner Äußerung hinreißen. Spricht Sie ein Kollege oder Vorgesetzter zu der/dem Kollegin/Kollegen, über die/den gerade gesprochen wurde, an und möchte eine Meinung von Ihnen hören, sagen Sie: „Darüber steht mir kein Urteil zu." Mit diesem Satz bauen Sie einen persönlichen Schutzwall um sich auf. Weder die anwesenden Personen im Frühstücksraum noch der/dem abwesenden Kollegin/Kollegen wird mit diesem Satz geschadet. In der Regel belässt manes bei Ihrer Antwort. Sollte man Sie erneut auf diese Situation ansprechen, greifen Sie noch einmal den vorher genannten Satz auf und lassen sich auch nicht davon abbringen.

Umgang mit Kritik

Nicht selten kommt es vor, dass ein Vorgesetzter oder Kollege an Ihnen Kritik übt. Das ist besonders dann der Fall, wenn Ihnen ein Arbeitsvorgang erklärt wurde und Sie diesen leider falsch ausgeführt haben. Um dem vorzubeugen, sollten Sie sich während des Arbeitsvorgangs eigenständig Notizen machen. In der Fülle der Informationen ist es anfangs schwer, das Gesagte über einen längeren Zeitraum zu behalten. Von daher sollten Sie Ihren Unterweisenden vor dem eigentlichen Arbeitsvorgang darauf aufmerksam machen, dass Sie sich gerne die einzelnen Arbeitsschritte mitschreiben möchten, um später Fehlern bzw. Missverständnissen vorzubeugen. Da Sie im Rahmen Ihrer Ausbildung mehrere Abteilungen durchlaufen, ist es ratsam, sich einen Ringordner mit Trennblattstreifen anzulegen. Im nächsten Schritt schreiben Sie sich auf jeden Trennblattstreifen die jeweilige Abteilung auf, die Sie im Laufe Ihrer Ausbildungszeit durchlaufen werden. In jeder Abteilung sind die zu bewältigenden Aufgaben teilweise so umfangreich und vielseitig, sodass Sie nach einem Abteilungswechsel nach spätestens zwei Monaten nicht mehr genau wissen, wie der komplette Arbeitsvorgang auszuführen ist. Deshalb sind Notizen ganz wichtig!

Ausbildungszeugnis

Als Rechtsgrundlage kommt hierbei der § 16 BBiG in Betracht. Danach haben Ausbildende den Auszubildenden bei Beendigung des Berufsausbildungsverhältnisses ein schriftliches Zeugnis auszustellen. Die elektronische Form ist ausgeschlossen. Haben Ausbildende die Berufsausbildung nicht selbst durchgeführt, soll der Ausbilder das Zeugnis unterschreiben.

Das Zeugnis muss Angaben enthalten über Art, Dauer und Ziel der Berufsausbildung sowie über die erworbenen beruflichen Fertigkeiten, Kenntnisse und Fähigkeiten der Auszubildenden. Auf Verlangen Auszubildender sind auch Angaben über Verhalten und Leistung aufzunehmen.

Bei dem Zeugnis unterscheidet man das einfache und qualifizierte Zeugnis. Nach folgenden Inhalten sollte das einfache und qualifizierte Zeugnis aufgebaut sein:

- Beginn, Dauer und Ende der Ausbildung
- Ziel der Ausbildung
- Erworbene Fertigkeiten und Kenntnisse
- Name und Unterschrift des Ausbildenden
- Eventuell Name und Unterschrift des Ausbilders
- Bezeichnung und eventuelle Beschreibung des Ausbildungsbetriebs
- Datum der Ausstellung
- Beschreibung des Auszubildenden (Name, Wohnort, Geburtsdatum, Geburtsort)
- Angaben zur Art der Ausbildung

Das qualifizierte Zeugnis unterscheidet sich vom einfachen Zeugnis dahingehend, dass es zusätzlich Angaben über Ihr Verhalten und Ihre Leistung enthält. In der Regel stellen die meisten Betriebe ihren Auszubildenden ein qualifiziertes Zeugnis aus, ohne dass Sie Ihre Ausbilderin oder Ihren Ausbilder darauf hinweisen müssen.

Im Folgenden möchte ich Ihnen einige Formulierungen aufzeigen, wie Zeugnisse formuliert sein können. Lesen Sie sich Ihr Zeugnis nach Ausstellung sehr genau durch. Denn negative Verhaltensweisen sind positiv formuliert und es bedarf schon ein wenig Übung, zu erkennen, was genau mit einem Satz gemeint sein könnte.

Beispiel:

„Der Auszubildende hat die ihm übertragenden Aufgaben stets zu unserer vollsten Zufriedenheit erledigt." Das entspricht der Note 1.

Formulierung	Note
„Der Auszubildende hat die ihm übertragenden Aufgaben stets zu unserer vollsten Zufriedenheit erledigt und unseren Erwartungen in jeder Hinsicht entsprochen."	1 = sehr gut
„Der Auszubildende hat die ihm übertragenden Aufgaben stets zu unserer vollen Zufriedenheit erledigt und unseren Erwartungen entsprochen."	2 = gut
„Der Auszubildende hat die ihm übertragenden Aufgaben zu unserer Zufriedenheit/zufriedenstellend erledigt."	3 = befriedigend
„Der Auszubildende hat im Großen und Ganzen die ihm übertrage-nen Aufgaben zu unserer Zufriedenheit erledigt."	4 = ausreichend
„Der Auszubildende hat die ihm übertragenen Aufgaben zu unserer Zufriedenheit zu erledigen versucht."	5 = mangelhaft

Quelle: Peter Jacobs, Michael Preuße: Kompaktwissen AEVO in vier Handlungsfeldern
           2. Auflage, Verlag: Bildungsverlag EINS GmbH, Köln, ISBN 978-3-427-04935-7

Damit sich Auszubildende, die nicht in ein Arbeitsverhältnis übernommen werden, frühzeitig um eine anderweitige Arbeitsstelle bemühen können, hat der Ausbildende den Auszubildenden drei Monate vor dem voraussichtlichen Ende der Ausbildungszeit davon in Kenntnis zu setzen, wenn er den Auszubildenden nach Beendigung des Ausbildungsverhältnisses nicht in ein Arbeitsverhältnis übernehmen will. Das besagt § 16 (3) TVAöD. Folglich ist dann in der Regel der Tag der bestandenen Abschlussprüfung der letzte Tag des Arbeitsverhältnisses (§ 21 (3) BBiG). Manchmal kann es auch vorkommen, dass Ihnen Ihr Ausbildungszeugnis aus zeitlichen Gründen nicht sofort überreicht werden kann. Achten Sie unbedingt darauf, dass Sie Ihr Ausbildungszeugnis so schnell wie möglich erhalten. Wenn Sie sich nach Abschluss Ihres Berufsausbildungsverhältnisses noch weiter bewerben müssen, weil Sie vielleicht noch keine Arbeitsstelle gefunden haben, sollte das Zeugnis unbedingt beiliegen. Ist dies nicht der Fall, bewerben Sie sich trotzdem weiter. Wenn man Sie im Vorstellungsgespräch auf Ihr Ausbildungszeugnis anspricht, können Sie sagen: „Mein Ausbildungszeugnis habe ich angefordert, es geht mir noch postalisch zu. Ich warte jeden Tag darauf."

Fort- und Weiterbildungsmöglichkeiten nach Ihrer Berufsausbildung

Sollten Sie nach Ihrer Ausbildung nicht übernommen werden, haben Sie verschiedene Möglichkeiten, sich weiter- und fortzubilden.

Möglichkeit 1

Holen Sie Bildungsabschlüsse (Haupt-, Realschulabschluss, Fach- oder Hochschulreife) nach oder streben Sie eine berufsübergreifende Weiterbildung in Form einer sprachlichen Weiterbildung an.

Möglichkeit 2

Machen Sie eine berufsbezogene Weiterbildung, entweder arbeitsplatzbezogene Schulungen (z. B. EDV-Schulungen, Maschinen-/Technologie-schulungen) oder stellenbezogene Schulungen (z. B. Mitarbeiterführungs- oder Arbeitsrechtsseminare).

Möglichkeit 3

Streben Sie eine Fortbildung mit einer staatlich anerkannten Prüfung an. Das kann eine Anpassungsfortbildung (z. B. REFA-Lehrgang) oder eine Aufstiegsfortbildung (z. B. als Meister, Fachwirt, Techniker, Betriebswirt) sein.

Informieren Sie sich in Ihrem Heimatort über verschiedene Anlauf- und Beratungsstellen, wenn Sie nicht von Ihrer Ausbilderin oder Ihrem Ausbilder darauf hingewiesen werden. Informationen zur Weiter- und Fortbildung erhalten Sie von örtlichen Bildungsträgern wie z. B der Industrie- und Handelskammer (IHK).

Quelle: Peter Jacobs, Michael Preuße: Kompaktwissen AEVO in vier Handlungsfeldern
2. Auflage, 1. korrigierter Nachdruck 2013, Verlag: Bildungsverlag EINS GmbH, Köln,
ISBN 978-3-427-04935-7

Der Berufseinsteiger

Die Suche nach einer Anstellung nach Abschluss einer Ausbildung, einer Fachschule oder einem geeigneten Studiengang kann sich für einen Berufseinsteiger als äußerst schwierig erweisen. Häufig muss er eine Vielzahl von Bewerbungen schreiben, bis er überhaupt eine Einladung zu einem Vorstellungsgespräch erhält. Denn bei den meisten Stellenausschreibungen muss der Berufseinsteiger feststellen, dass er nicht die gewünschte Berufserfahrung vorweisen kann. Er muss seine persönlichen und fachlichen Qualifikationen in der Bewerbung klar und deutlich zum Ausdruck bringen, sodass die gesamte Bewerbung überzeugt. Auf welche Stellenausschreibungen kann sich der Berufseinsteiger noch bewerben, obwohl Berufserfahrung erwünscht ist? Wo macht es keinen Sinn? Nicht immer ist das in der Stellenanzeige beschriebene Anforderungsprofil auf Anhieb verständlich. Häufig stößt der Suchende auf Begriffe, bei denen sich nur erahnen lässt, was sie im Einzelnen bedeuten. In der nachfolgenden Tabelle sind die gebräuchlichsten Formulierungen mit den unterschiedlichen Arten von Berufserfahrung aufgelistet. Sie räumt Missverständnisse aus, wie die ein oder andere Formulierung zu verstehen ist.

Begriff	Bedeutung
erste Berufserfahrung	Die Bewerberin oder der Bewerber sollte mit dem betrieblichen Arbeitsalltag eines Unternehmens vertraut sein. Ist Ihnen im vorherigen Satz das Wort „sollte" ins Auge gefallen? Es bedeutet, dass es für Sie von Vorteil ist, wenn Sie sich in diesem Bereich bereits Berufserfahrung angeeignet haben, es aber nicht zwingend erforderlich ist. Auch ein Berufseinsteiger hat bei dieser Art der Formulierung die Chance, eine Einladung zu einem Vorstellungsgespräch und gegebenenfalls eine Festanstellung zu bekommen. Eine Bewerbung ist sinnvoll.
einschlägige Berufserfahrung	Das Unternehmen setzt voraus, dass man entsprechende Berufserfahrung aus genau dem Bereich vorweisen kann, für den man sich beworben hat. Eine Bewerbung von einem Berufseinsteiger hat leider keine Aussicht auf Erfolg.
fundierte/mehrjährige/umfassende Berufserfahrung	Das Wort „fundiert" bedeutet so viel wie „hieb- und stichfest". Verfügt die Bewerberin oder der Bewerber nicht über entsprechendes Vorwissen, ist die Bewerbung aussichtslos. Der Berufseinsteiger sollte sich nicht auf eine solche Stellenanzeige bewerben.
erwünschte/idealerweise (mehr-jährige)/gerne Berufserfahrung	Hingegen gibt es Formulierungen in einer Stellenanzeige, die Sie nicht auf jeden Fall erfüllen müssen, es aber vorteilhaft wäre, wenn Sie diese mit Praxisbeispielen belegen können. Der Berufseinsteiger sollte sich durch diese Formulierungen nicht abschrecken lassen, sondern bewerben. Es könnte sein, dass das Unternehmen einem Berufserfahrenen Vorrang gewährt, wenn er diese Bedingung erfüllt, das Unternehmen aber auch durchaus bereit ist, den Berufseinsteiger zu nehmen. Als Argument für einen Berufseinsteiger spricht immer auch die für ein Unternehmen günstigere Lohnzahlung. Der Berufseinsteiger sollte sich auf jeden Fall auf diese Stellenanzeige bewerben.

Der Arbeitsvertrag

Mindestinhalte

Als Rechtsgrundlage für einen Arbeitsvertrag kommt das Nachweisgesetz, kurz NachwG, in Betracht. Es verpflichtet Arbeitgeber, die wesentlichen Bedingungen eines Arbeitsvertrages aufzuzeichnen, die Niederschrift zu unterzeichnen und dem Arbeitnehmer auszuhändigen.

Die in der Niederschrift mindestens zu dokumentierenden Inhalte regelt § 2 NachwG.

Darin sind mindestens aufzunehmen:

- der Name und die Anschrift der Vertragsparteien,
- der Zeitpunkt des Beginns des Arbeitsverhältnisses,
- bei befristeten Arbeitsverhältnissen: die vorhersehbare Dauer des Arbeitsverhältnisses,
- der Arbeitsort oder, falls der Arbeitnehmer nicht nur an einem bestimmten Arbeitsort tätig sein soll, ein Hinweis darauf, dass der Arbeitnehmer an verschiedenen Orten beschäftigt werden kann,
- eine kurze Charakterisierung oder Beschreibung der vom Arbeitnehmer zu leistenden Tätigkeit,
- die Zusammensetzung und die Höhe des Arbeitsentgelts einschließlich der Zuschläge, der Zulagen, Prämien und Sonderzah-

lungen sowie anderer Bestandteile des Arbeitsentgelts und deren Fälligkeit,

- die vereinbarte Arbeitszeit, die Dauer des jährlichen Erholungsurlaubs,
- die Fristen für die Kündigung des Arbeitsverhältnisses, ein in allgemeiner Form gehaltener Hinweis auf die Tarifverträge, Betriebs- oder Dienstvereinbarungen, die auf das Arbeitsverhältnis anzuwenden sind.

Darüber hinaus ist in dem Paragrafen auch geregelt, dass der Arbeitgeber spätestens einen Monat nach dem vereinbarten Beginn des Arbeitsverhältnisses die wesentlichen Vertragsbedingungen schriftlich niederzulegen, die Niederschrift zu unterzeichnen und dem Arbeitnehmer auszuhändigen hat.

Für den Abschluss eines Arbeitsvertrags liegt immer Antrag und Annahme nach §§ 145 ff. BGB vor. So ist ein Arbeitsvertrag auch wirksam zustande gekommen, wenn der Arbeitgeber mit dem Arbeitnehmer den Vertrag per Handschlag besiegelt hat. Nach §§ 145 ff. BGB liegt hier ein Vertragsschluss vor. Allerdings hat der Arbeitgeber spätestens einen Monat nach dem vereinbarten Beginn des Arbeitsverhältnisses die wesentlichen Vertragsbedingungen schriftlich niederzulegen (§ 2 (1) S. 1 NachwG).

Rechte und Pflichten der Vertragsparteien

Im Folgenden gebe ich Ihnen eine kurze Übersicht über die Rechte und Pflichten des Arbeitnehmers und Arbeitgebers in einem Arbeitsverhältnis.

Rechte des Arbeitnehmers	Pflichten des Arbeitgebers	Pflichten des Arbeitnehmers	Rechte des Arbeitgebers
• Anspruch auf Abführung der Steuern und Sozialabgaben	• Pflicht zur Abführung der Steuern und Sozialabgaben	• Grundsätzliche Pflicht zur Unterlassung einer entgeltlichen Nebentätigkeit	• Anspruch, entgeltliche Nebentätigkeiten des Arbeitnehmers untersagen oder mit Auflagen versehen zu können.
• Anspruch auf Einsichtnahme in die Personalakte	• Gewährung auf Einsichtnahme in die Personalakte	• Pflicht zur Unbestechlichkeit	• Anspruch auf korrekte und unbestechliche Arbeitsleistung
• Anspruch auf Schutz des eingebrachten Eigentums	• Schutz des vom Arbeitnehmer eingebrachten Eigentums	• Pflicht zur Verschwiegenheit	• Anspruch auf Geheimhaltung
• Anspruch auf Gleichbehandlung	• Gleichbehandlungspflicht	• Pflicht zur Abwendung und Anzeige von Schäden	• Anspruch auf Vermeidung und Meldung von Schäden, Anspruch auf sorgsamen Umgang mit den Arbeitsmitteln
• Anspruch auf angemessene Beschäftigung	• Beschäftigungspflicht	• Pflicht zur Erbringung der Arbeitsleistung	• Anspruch auf Arbeitsleistung durch den Arbeitnehmer
• Anspruch auf Erholungsurlaub	• Pflicht zur Urlaubsgewährung		
• Anspruch auf ein wahlweise einfaches oder qualifiziertes Arbeitszeugnis sowie gegebenenfalls ein Zwischenzeugnis und auf Herausgabe der Arbeitspapiere, hat der Arbeitnehmer ein qualifiziertes Zeugnis gefordert, hat er keinen Anspruch mehr auf ein einfaches Zeugnis!	• Pflicht zur Zeugniserteilung und Herausgabe der Arbeitspapiere und Information über Meldepflicht bei der Arbeitsverwaltung, ein elektronisches Zeugnis ist ausgeschlossen!		
• Anspruch auf Einhaltung der Schutzvorschriften und Schutzkleidung	• Pflicht zur Einhaltung des Arbeitsschutzes		
• Anspruch auf Vergütung	• Pflicht zur Lohnfortzahlung		

Quelle: Allgemeine Wirtschaftslehre für Verwaltungsfachangestellte, Dettmer, Hausmann, 5. Auflage, Bildungsverlag EINS GmbH, Troisdorf, ISBN 978-3-441-04010-1

165

Arbeitsaufnahme – Einführung

Neueintritt

Bei Neueintritt eines Arbeitnehmers oder Auszubildenden können folgende Angaben von Bedeutung sein:

- Kopie Sozialversicherungsausweis, mit dem Ihre Mitgliedschaft in einer gesetzlichen Sozialversicherung bestätigt wird
- Steueridentifikationsnummer, mit der Ihr Arbeitgeber Ihre elektronischen Lohnsteuerabzugsmerkmale abrufen kann
- Ihre Bankverbindung
- Bei Schwerbehinderten den Schwerbehindertenausweis
- Urlaubsbescheinigung des vorherigen Arbeitgebers
- Mitgliedsbescheinigung bzw. Name und Anschrift Ihrer Krankenkasse
- Gegebenenfalls Ihren Antrag auf vermögenswirksame Leistungen.

Die aufgeführten Punkte sollen Ihnen nur einen kurzen Überblick verschaffen, was für Sie wichtig sein kann. Genaueres hierzu teilt Ihnen Ihr Arbeitgeber vor Neueinstellung mit.

Erster Arbeitstag

Beginnt man seinen ersten Arbeitstag in einem Unternehmen, ist Anspannung, Nervosität und Kopfzerbrechen völlig normal. Für den ersten Arbeitstag ist es vor allem wichtig, dass Ihnen als Mitarbeiter Folgendes zur Verfügung gestellt wird:

Checkliste

In ihr sollte festgelegt sein, was für die Arbeitsaufnahme geregelt werden muss.

Einführungsbroschüre

Sie sollte Ihnen Informationen über das Unternehmen oder die Behörde geben.

Welcome-Package

Zu ihm kann beispielsweise ein Essen mit dem Vorgesetzten gehören.

Pate oder Mentor

Der Pate hat meist die gleiche Hierarchieebene wie Sie. Er soll Sie mit der Arbeitsumgebung, den Kollegen, den Gesetzen des Unternehmens/der Behörde vertraut machen, Ihnen fachlich zur Seite stehen und Sie unterstützen. Der Mentor hat in der Regel eine höhere Hierarchieebene als Sie. Er ist Ihre Anlaufstelle und Vermittler bei Problemen.

Negativstrategien

Der Auszubildende oder Arbeitnehmer sollte an seinem ersten Arbeitstag weder über- noch unterfordert werden. Folgende Negativstrategien gilt es zu vermeiden:

Schonungsstrategie

Sie werden unterfordert. Der Vorgesetzte weist Sie nicht auf Fehler hin, sodass sich Fehler verfestigen.

Ins-kalte-Wasser-Werfen-Strategie

Sie werden mit Ihrer Arbeit alleingelassen, was zu Misserfolgserlebnissen oder Überforderung führen kann.

Entwurzelungsstrategie

Sie werden bewusst überfordert, was zu Fehlerhäufigkeit und Demotivation führen kann.

Einarbeitung und Einarbeitungsplan

Die Einarbeitung sollte systematisch erfolgen. Die in der Praxis am häufigsten vorkommende Methode ist die sogenannte Vier-Stufen-Methode. Diese umfasst:

Stufe 1: Vorbereitung

Sie beinhaltet beispielsweise die Vorbereitung der Unterweisung, die Formulierung des konkreten Lernziels, das Erarbeiten einer Arbeitsgliederung und das Herstellen des Anfangskontakts.

Stufe 2: Vormachen und erläutern

Der Unterweisende macht die Arbeitsschritte gemäß der Arbeitsgliederung vor und erklärt die Arbeitsausführung. Sie beobachten den Vorgang, der in kleinen Schritten zu vollziehen ist.

Stufe 3: Nachmachen und erläutern

Sie machen die Arbeitsschritte selbst, erklären Ihr Vorgehen und nehmen eventuelle Korrekturen vor.

Stufe 4: Selbstständig arbeiten lassen

Sie vollziehen sämtliche Arbeitsschritte völlig selbstständig. Das Üben soll Ihre Lernsicherheit erhöhen. Der Unterweisende führt eine abschließende Lernerfolgskontrolle durch, die Zusatzfragen hinsichtlich der Lernziele mit sich bringen.

Für die Einarbeitung ist es sinnvoll, einen Einarbeitungsplan aufzustellen, der folgende Mindestinhalte enthalten sollte:

- Reihenfolge der zu erledigenden Aufgaben
- Zeitabschnitte für die Erledigung

- Kriterien für die Beherrschung der Arbeitsaufgabe
- Zusätzlich angestrebte Qualifikationen (z. B. Weiterbildung).

Manchmal kann es sein, dass es nicht sicher ist, ob Sie dort, wo Sie momentan eingesetzt sind, tatsächlich bleiben oder einem anderen Sachgebiet zugeteilt werden. Wichtig ist, dass Sie einfach offen für alles sind. In dieser Phase können Sie nur dazulernen. Je mehr Bereiche Sie kennenlernen, desto breiter können Sie später eingesetzt werden und desto mehr Leute können Sie in Ihr Netzwerk integrieren.

Kündigung

Mit der Kündigung möchte der Arbeitgeber oder der Arbeitnehmer den bestehenden Vertrag nicht mehr aufrechterhalten.

Die Kündigung kann auf **zwei Weisen** erfolgen:	
fristgemäß (ordentlich)	**fristlos (außerordentlich)**
§§ 620 (2), 622 BGB	§ 626 BGB
	aus wichtigem Grund
	Kündigungserklärungsfrist von zwei Wochen ist nach § 626 (2) zu beachten

Die Kündigung muss vom Arbeitgeber oder einem Bevollmächtigten (§ 174 BGB) unterschrieben werden. Sie bedarf zwingend der Schriftform, §§ 623, 126 BGB. Die Kündigung ist eine einseitige empfangsbedürftige Willenserklärung; wird wirksam, wenn sie zugeht.

Den Zugang muss der Arbeitgeber oder der Arbeitnehmer – je nachdem, von wem die Kündigung ausging – beweisen.

Hierfür gibt es drei verschiedene Möglichkeiten:

- Persönliche Übergabe an Arbeitnehmer gegen Empfangsbestätigung oder unter Zeugen
- Einwurf-Einschreiben (nicht Rückschein)
- Einwurf in Briefkasten des Arbeitnehmers durch Boten (der damit gleichzeitig als Zeuge dient)

An dieser Stelle ist noch zu erwähnen, dass der Arbeitgeber bei bestimmten Personengruppen Kündigungsbeschränkungen zu beachten hat:

- Schwangere und bis vier Monate nach Geburt, § 9 (1) + (3) MuSchG
- Schwerbehinderte, § 85 SGB IX, Ausnahme: § 90 SGB IX
- Betriebsrat, § 15 KSchG, Ausnahme: § 103 BetrVG
- Azubis, § 22 BBiG
- Pflegende, § 5 PflegeZG
- Eltern in Elternzeit, § 18 BEEG

Betriebsrat

Der Betriebsrat ist vor jeder Kündigung zu hören. Ansonsten ist die Kündigung unwirksam.

Kündigungsfristen

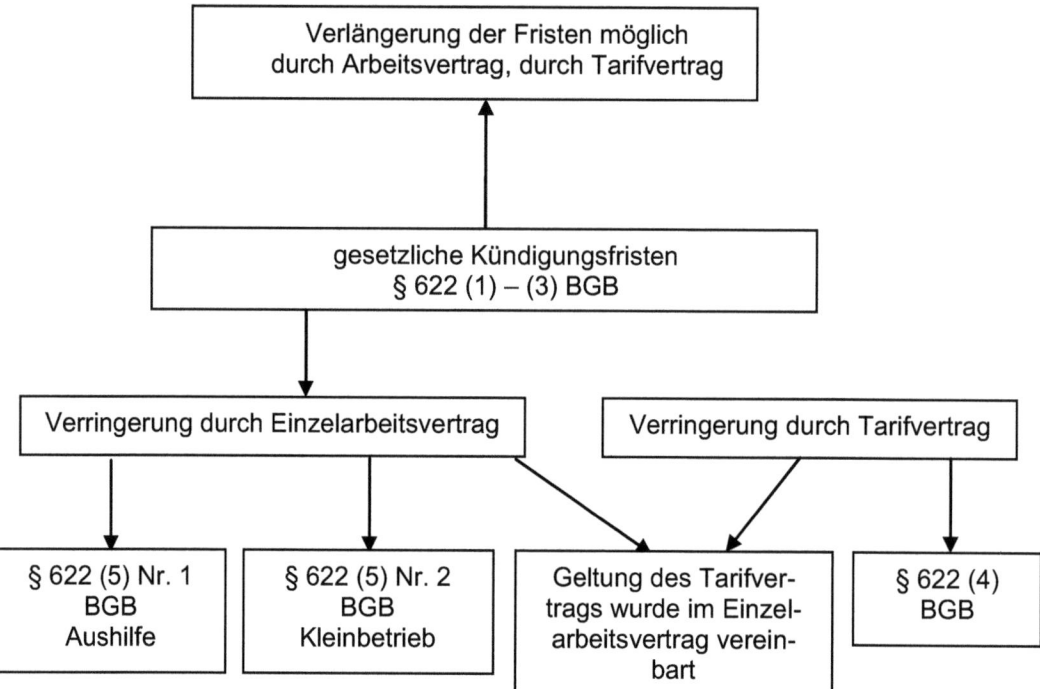

Gemäß § 4 KSchG muss ein Arbeitnehmer, der gegen eine Kündigung vorgehen will, innerhalb von drei Wochen nach Zugang der schriftlichen Kündigung Klage erheben. Verpasst er diese Frist, gilt die Kündigung nach § 7 KSchG als von Anfang an wirksam.

Formulierungsbeispiel

Die Kündigung kann sowohl vom Arbeitgeber als auch vom Arbeitnehmer ausgehen. Falls Sie jemals in Ihrem Leben in eine solche Situation geraten, dass Sie selber kündigen müssen, möchte ich Ihnen ein Formulierungsbeispiel für ein Kündigungsschreiben vonseiten des Arbeitnehmers vorstellen. Natürlich können Sie dieses Schreiben nicht für jede Kündigung benutzen, da sich die Kündigungsfristen durch Arbeits- oder Tarifvertrag verlängern können. Im Folgenden finden Sie einen Ausschnitt von einem Arbeitsvertrag, in dem der rechtliche Rahmen und Arbeitsbereich, die Probezeit und die Kündigung aufgeführt ist und ein anschließend ausformuliertes Kündigungsschreiben.

§ 1 Rechtlicher Rahmen und Arbeitsbereich

1. Der Mitarbeiter wird ab dem 01.06.2017 bis zum 30.06.2018 im Rahmen eines geringfügigen Beschäftigungsverhältnisses bis 450 Euro/Monat befristet eingestellt.
2. Der Mitarbeiter nimmt Aufgaben als Botenfahrer wahr.
3. Der Mitarbeiter kann auch zu anderen Aufgaben herangezogen werden.

§ 2 Probezeit

Die ersten sechs Monate gelten als Probezeit. Während dieser Zeit können beide Seiten das Arbeitsverhältnis ohne Angabe von Gründen fristlos kündigen.§ 3 Kündigung

Das Arbeitsverhältnis kann beiderseits mit einer Frist von 4 Wochen zum 15. eines Monats oder zum Monatsende schriftlich gekündigt werden. Maßgebend für die Fristeinhaltung ist der Zugang des Kündigungsschreibens. Während der Probezeit gilt § 2 entsprechend.

Das folgende Kündigungsschreiben soll Ihnen eine kleine Hilfestellung sein, wie ein solches Schreiben aus Sicht des Arbeitnehmers aussehen könnte.

Andre Schmitt
Musterstraße 11
12345 Musterstadt
+49 175 123456
stellensuche-andre-schmitt@gmx.de

Muster GmbH
Frau Meier
Musterstraße 123
12345 Musterhausen

Musterhausen, 3. Januar 2018

Kündigung meines Arbeitsverhältnisses als Botenfahrer

Sehr geehrte Frau Meier,

mit diesem Schreiben kündige ich mein mit Ihnen am 1. Juni 2017 abgeschlossenes Arbeitsverhältnis unter Wahrung der vertraglich vereinbarten Kündigungsfrist von vier Wochen zum 15. Februar 2018. Ich stehe Ihnen damit ab dem 16. Februar 2018 nicht mehr zur Verfügung.

Der Grund meiner Kündigung ist die Aufnahme einer Vollzeitbeschäftigung bei einem anderen Arbeitgeber.

Ich danke Ihnen für das mir entgegengebrachte Vertrauen und bitte Sie um schriftliche Bestätigung meiner Kündigung.

Mit freundlichen Grüßen

Andre Schmitt

Weitere Möglichkeiten der Stellensuche

Fachzeitschrift

Diese Art der Suche eignet sich besonders für Bewerberinnen und Bewerber, die in einem bestimmten Fachgebiet über Spezialkenntnisse verfügen. Die Zielgruppe wird direkt angesprochen und ein Bezug zur jeweiligen Branche ist bereits vorhanden. Allerdings könnte es sein, dass die Fachzeitschrift nicht überall verfügbar ist.

Jobbörse

Jobbörsen im Internet sind grundsätzlich für Bewerberinnen und Bewerber kostenlos. Je nach Jobbörsen spezialisieren sich einige auf bestimmte Berufsgruppen oder Branchen. Sie bieten dem Suchenden eine Vielfalt von Jobangeboten, einen meist kostenlosen Zugriff auf Stellenanzeigen rund um die Uhr und weltweit sowie einen schnellen Zugang zu den Stellenangeboten. Daneben kann der Suchende gezielt nach seinem Beruf recherchieren. Allerdings ist mit Jobbörsen im Internet eine zunehmende Bewerbungsflut verbunden. Zudem besteht die Gefahr, dass der Suchende auf veraltetes Datenmaterial bei dem jeweiligen Anbieter stößt.

Zeitarbeit

Besteht der Personalbedarf zeitlich befristet, kann auf die Möglichkeit der Personalbeschaffung über Zeitarbeit zurückgegriffen werden. Unter Zeitarbeit versteht man die gewerbsmäßige Überlassung von Arbeitnehmern. Dabei besteht ein Dreiecksverhältnis zwischen Verleiher, Entleiher und dem Leiharbeitnehmer. Die folgende Abbildung soll Ihnen das näher verdeutlichen:

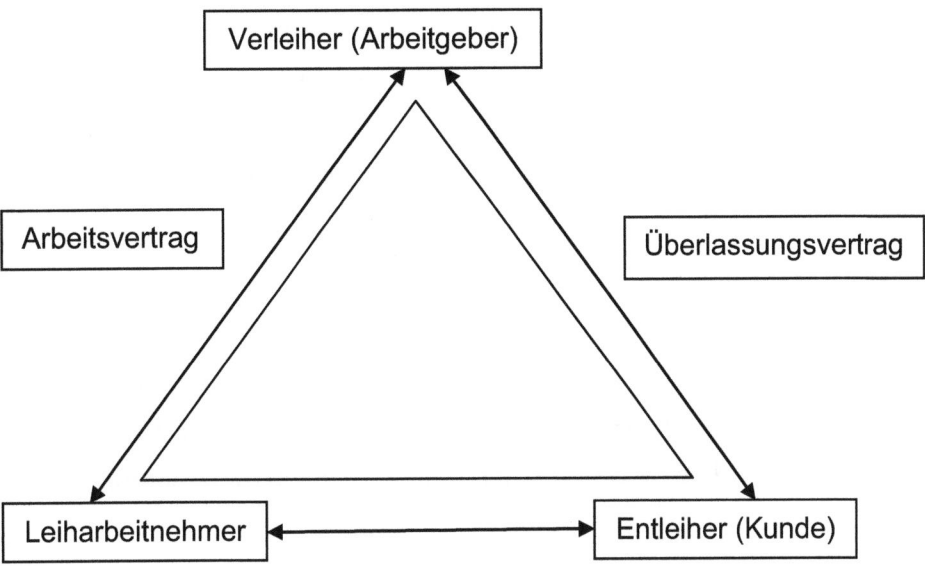

Der Leiharbeitnehmer schließt einen Arbeitsvertrag mit dem Verleiher (Arbeitgeber) ab. Der Verleiher ist die jeweilige Zeitarbeitsfirma, die mit dem Entleiher (Kunde) einen Arbeitnehmerüberlassungsvertrag vereinbart. Der Leiharbeitnehmer stellt dem Entleiher (Kunden) seine

Arbeitsleistung zur Verfügung und hat die von ihm erteilten Weisungen zu befolgen.

Für den Begriff der Zeitarbeit werden im Sprachgebrauch oft unterschiedliche Begriffe verwendet, die aber den gleichen oder sehr ähnlichen Bedeutungsumfang haben. Dazu gehören zum Beispiel Begriffe wie Personalleasing, Leiharbeit, Personaldienstleistung, Arbeitnehmerüberlassung oder Personalvermittlung. Für das Unternehmen ergeben sich bei dieser Form mehr Vorteile als für den Arbeitnehmer. Das Personal ist schnell verfügbar, das Unternehmen hat geringe Personalrisiken, da diese verlagert werden. Das Unternehmen muss Sie nur entlohnen, wenn Sie Ihre Arbeitskraft zur Verfügung stellen. Des Weiteren sind die Personalbeschaffungskosten gering und für das Unternehmen entstehen keine Fortbildungskosten. Die Zeitarbeitsfirma, bei der der Arbeitnehmer beschäftigt ist, braucht keine Kündigungsfristen einhalten. Der Arbeitnehmer ist von der Zeitarbeitsfirma abhängig, da die Zeitarbeitsfirma den Arbeitnehmer in mehreren Unternehmen und an wechselnden Einsatzorten einsetzen kann. Die Zeitarbeit ist durch Arbeitnehmerüberlassungsgesetz (AÜG) geregelt.

Karrieremesse

Karrieremessen sprechen eine Vielzahl von Schichten an. So haben Ausbildungs-, Arbeitssuchende, Studenten, Absolventen oder Berufstätige die Möglichkeit, vor Ort Kontakt zu Unternehmen aufzunehmen.

Allerdings sind dort viele Interessenten vertreten, sodass sich die Kontaktaufnahme zu Personalverantwortlichen eher als schwierig erweist.

Personalberater

Der Personalberater übernimmt Aufgaben bei der Personalsuche und -auswahl von geeigneten Fach- und Führungskräften für Unternehmen aller Branchen. Der Personalberater wird im Englischen auch als „Head Hunter" bezeichnet. Sie arbeiten bei Arbeitsvermittlungsfirmen, Personaldienstleistungsunternehmen und Personalberatungsgesellschaften.

Ein großer Nachteil besteht vor allem in der Vermittlungsprovision. Der Personalberater übersendet zuvor die persönlichen Daten des Suchenden an den Arbeitgeber. Falls vonseiten des Arbeitgebers Interesse besteht, den Suchenden zu einem Vorstellungsgespräch einzuladen und er im Anschluss daran eine Einstellung anbietet, verlangt der Personalberater von dem Suchenden eine Vermittlungsprovision.

XING

Unter XING versteht man ein soziales Netzwerk, bei dem Sie mit anderen Nutzern und Unternehmern geschäftliche Inhalte austauschen können. Sie haben unter anderem die Möglichkeit, ein eigenes Profil anzulegen, können eigenständig Stellenangebote aufgeben oder andere Nutzer bzw. Unternehmer aktiv anschreiben. Bei XING gibt es zwei Mitgliedschaftsformen. Dazu gehören die kostenlose Basis-Mitgliedschaft und die kostenpflichtige Premium-Mitgliedschaft. Sollten Sie diese Möglichkeit für sich in Betracht ziehen, empfiehlt sich auf jeden Fall die kostenpflichtige Premium-Mitgliedschaft, da diese Ihnen deutlich mehr Leistungen anbietet als die kostenlose Basis-Mitgliedschaft.

Sonstiges

Ablauf eines Bewerbungsverfahrens

Wie lange es dauert, bis eine Stellenbesetzung abgeschlossen ist, lässt sich nicht sagen. Dies hängt von zu vielen Faktoren ab. Aber als grobe Richtschnur können Sie folgende Zeitintervalle ansetzen. Nach Ende der Bewerbungsfrist lässt man gerne noch einige Tage verstreichen, um auch postalische Bewerbungen mit längerer Laufzeit (z. B. aus dem Ausland) zu erfassen. Dann dauert es ca. drei Wochen, bis mit den Bewerbern der ersten Auswahlrunde (ca. drei bis fünf Personen) erste Gespräche durchgeführt werden. Falls eine der Personen, die am Entscheidungsprozess beteiligt sind, verhindert ist (Urlaub, Krankheit, wichtigere Termine), so verlängert sich diese Zeitspanne entsprechend. Gleiches gilt für das Zweitgespräch. Ist dann noch kein Kandidat gefunden, beginnt alles von vorne mit einer weiteren Auswahlgruppe. In der Regel werden Bewerbungen, die nicht offensichtlich aussortiert werden müssen, zurückgehalten, bis die Stelle definitiv besetzt ist. Dann sollten alle noch verbliebenen Bewerber eine Absage erhalten. Leider machen sich nicht alle Unternehmen die Mühe, den Bewerbern auch abzusagen. Daher können Sie davon ausgehen, falls Sie zwei Monate nach Ihrer Bewerbung noch keine Reaktion erhalten haben, dass das Rennen ohne Sie gelaufen ist. Lassen Sie sich nicht davon entmutigen, sondern suchen Sie so lange weiter, bis Sie eine Stelle gefunden haben.

Erfahrungen mit der Stellensuche

Stellen Sie im Vorstellungsgespräch fest, dass Ihnen Ihr Gegenüber nicht sympathisch ist, lassen Sie sich trotzdem nichts anmerken. Runden Sie Ihr Vorstellungsgespräch stilvoll ab, auch wenn es nicht nach Ihren Vorstellungen verlaufen ist. Haken Sie das Vorstellungsgespräch ab und konzentrieren Sie sich auf weitere. Hier gilt der Grundsatz: „Kopf hoch!" Dennoch können Sie daraus zwei Vorteile ziehen. Der erste Vorteil ist, dass Sie durch das Vorstellungsgespräch noch mehr Sicherheit im Kommunizieren erlangt haben, der zweite, dass Sie das Vorstellungsgespräch als eine Art Übung ansehen können. Und wer weiß, vielleicht war es besser, als Sie gedacht haben.
Es gibt allerdings auch Vorstellungsgespräche, bei denen Sie sich im Anschluss die Frage stellen: „Warum wurde ich überhaupt eingeladen?" Und genau solch eine Situation war mir widerfahren.
Vor Ort empfing mich der Gesprächspartner, der zugleich Inhaber

war, in Filzpantoffeln. Zunächst merkte ich nichts davon, doch als sich das Vorstellungsgespräch dem Ende zuneigte, er mich zur Tür begleitete und dort verabschiedete, fiel in dem Moment mein Blick auf seine Füße. Und da stellte ich mit Erstaunen fest, dass seine Strümpfe nicht richtig über seine Fersen gezogen waren. Sie können sich womöglich vorstellen, wie ich mich da gefühlt habe. Ich in meinem feinen Anzug, er in seinen Pantoffeln und in einem kurzärmligen Hemd. Im Anschluss daran reflektierte ich das Vorstellungsgespräch und kam zu dem Ergebnis, dass es womöglich an dem heißen Wetter im August gelegen haben könnte. Es waren über 30 Grad Celsius. Von dem Unternehmen habe ich bis zum heutigen Tage nichts mehr gehört. Auch solche Vorstellungsgespräche können Ihnen widerfahren. Diese können Sie schlicht und einfach abhaken. Stattdessen bereiten Sie sich lieber auf das nächste Gespräch vor. Schließlich laufen nicht alle Vorstellungsgespräche nach diesem Muster ab.

Ich hatte mich auf eine Stellenanzeige als Buchhalter bei einem Holz-verarbeitungsbetrieb beworben. Eines Nachmittags bekam ich einen Anruf vom Inhaber des Unternehmens. Bei dem Anruf stellte sich heraus, dass er neben buchhalterischen Tätigkeiten auch einen Mit-arbeiter suchte, der im Wald das Holz roden sollte. Er könne keine alleinige Buchhaltungsstelle anbieten. Aus der Stellenanzeige ging das Holzroden nicht hervor. Wie verhalten Sie sich in solch einem Fall? Sie verabschieden sich höflich und sagen, dass Sie unter die-sen Umständen die Bewerbung nicht mehr aufrechterhalten möchten.

An dieser Stelle möchte ich Sie nicht weiter mit solch unangenehmen Ereignissen belasten. Sie sollen Ihnen aufzeigen, dass die Suche nach einer Stelle Überraschungen mit sich bringen kann. Aber der eigentliche Sinn dieses Buches soll schließlich dadurch nicht verloren gehen.

Meine Buchempfehlung

Vielleicht suchen Sie neben einem Ausbildungs- oder Angestellten-verhältnis eine Partnerin oder einen Partner. Dann kann ich Ihnen ein weiteres Buch von mir empfehlen:

Andre Schmitt
Auf Partnersuche?
Ein unkonventioneller Ratgeber für Menschen mit
Humor und Durchhaltevermögen
ISBN: 978-3-7448-5688-1
Preis: 9,99 €
E-Book: 7,99 €

Worum geht es in diesem Buch?

Das können Sie der nachfolgenden Seite entnehmen.

Den Traumpartner kennenzulernen ist nicht einfach. Dem Suchenden bietet der heutige Datingdschungel vielfältige Möglichkeiten.

In seinem Ratgeber beschreibt Andre Schmitt nicht nur eine erfolgversprechende Strategie. Er nennt die Vor- und Nachteile des klassischen Zeitungsinserats, setzt sich mit dem Online-Dating auseinander und schildert, wie man die erste Kontaktaufnahme auf einer Singlebörse startet. Er beschreibt beispielhaft, unter welchen Voraussetzungen sich das erste und weitere Treffen positiv gestalten lassen. Was macht selbstsicheres Auftreten aus? Wie verabredet man sich? Welche Gesprächsthemen sind unverfänglich und gleichzeitig ergiebig?

Mit diesen und anderen Fragen befasst sich der Autor und ermöglicht den Lesern, durch vorgefertigte Musteranzeigen schnell und unkompliziert die Suche nach dem Traumpartner aufzunehmen.

Nachwort

Schön, dass Sie mein Buch bis zum Ende gelesen haben. In meinem Buch habe ich Ihnen verschiedene Möglichkeiten für die Stellensuche aufgezeigt. Vergessen Sie eines nicht, Stellensuche erfordert sehr viel Ausdauer und kann teilweise nervenaufreibend sein. Erfolgreich können Sie nur sein, wenn Sie bereit sind, etwas dafür zu tun. Der Zeitpunkt des Erfolgs ist zwar ungewiss, aber mit jedem kleinen Schritt der Veränderung ist es für Sie umso wahrscheinlicher, dass Sie Ihr Ziel erreichen. Hingegen werden Sie schwer enttäuscht werden, wenn Sie nicht nach einer Stelle suchen, aber trotzdem erwarten, dass sich etwas ändert. Diesen Satz können Sie auf alle Lebensbereiche übertragen, sei es, wenn Sie auf der Suche nach einer Wohnung oder Ihrem Traumpartner sind. Lassen Sie sich niemals entmutigen, sondern suchen Sie so lange weiter, bis Sie Erfolg haben. Merken Sie sich bitte folgenden Satz für Ihre Stellensuche:

„Es zählt nicht die Masse, sondern die Klasse an Bewerbungen."

Auf Wunsch erhalten Sie eine kostenlose Vorlage für den möglichen Aufbau eines Anschreibens und Lebenslaufs in einem Word-Dokument. Schreiben Sie dazu einfach an meine E-Mail-Adresse:

stellensuche-andre-schmitt@gmx.de

Wenn Ihnen mein Buch gefallen hat, dann würde ich mich sehr über eine Rezension auf Amazon freuen.

Ihr Andre Schmitt